传承

我们的北大学缘

北京大学人文社会科学研究院 编

北京大学出版社
PEKING UNIVERSITY PRESS

图书在版编目（CIP）数据

传承：我们的北大学缘 / 北京大学人文社会科学研究院编. —北京：北京大学出版社，2023.5

ISBN 978-7-301-33828-5

Ⅰ.①传… Ⅱ.①北… Ⅲ.①北京大学人文社会科学研究院 – 校友 – 纪念文集 Ⅳ.① G649.281–53

中国国家版本馆 CIP 数据核字（2023）第 046356 号

书　　　名	传承：我们的北大学缘 CHUANCHENG: WOMEN DE BEIDA XUEYUAN
著作责任者	北京大学人文社会科学研究院 编
责任编辑	武　岳
标准书号	ISBN 978-7-301-33828-5
出版发行	北京大学出版社
地　　　址	北京市海淀区成府路 205 号　100871
网　　　址	http://www.pup.cn　　新浪微博：@北京大学出版社
电子信箱	zhaocong@pup.cn
电　　　话	邮购部 010-62752015　发行部 010-62750672 编辑部 010-62753121
印　刷　者	天津图文方嘉印刷有限公司
经　销　者	新华书店 710 毫米 × 1000 毫米　16 开本　15.25 印张　248 千字 2023 年 5 月第 1 版　2023 年 5 月第 1 次印刷
定　　　价	125.00 元（精装）

未经许可，不得以任何方式复制或抄袭本书之部分或全部内容。
版权所有，侵权必究
举报电话：010-62752024　电子信箱：fd@pup.pku.edu.cn
图书如有印装质量问题，请与出版部联系，电话：010-62756370

出版说明

从沙滩红楼，到"一塔湖图"，北大是学术圣地，也是精神家园。园子里的人，不管是读书，还是教书，都有属于自己的故事，也都在思考自己从园子里得到了什么，会为这个园子留下些什么。根植于燕园的土壤，抱持"涵育学术，激活思想"的宗旨，我们始终对贡献于北大的教育和学术的努力怀抱敬意，也愿意追随几代学人的脚步，沟通过去与未来，做北大精神的传递者。

2018年以来，我们先后举办了五期"传承"系列讲述活动，邀请来自人文社会科学领域不同学科的26位北大学人，分享他们在不同时代与北大的缘分和故事。今天，我们将这些讲述者的故事整理结集，无论是春风化雨的前辈师长、厚积薄发的学界中坚，还是锐意进取的青年学人，我们都可以从他们的讲述中看到他们对学术的纯粹追求、对自我的真诚叩问、对现实的热切关怀。

北大人传承的是知识，也是学问；是态度，也是境界。"传承"系列讲述活动仍会继续下去，我们希望以此记录校园中生生不息的学术风貌，彰显代代相承的优秀学风，也希望更多人可以从中感受到信念与希望的力量。

编 者

目　录

韩启德 / 序 i

筚路蓝缕，润物耕心

乐黛云 / 师承与梦想 3

厉以宁 / 我与北大 11

楼宇烈 / 北大人的品格 17

叶　朗 / 学问：生命之所在 22

洪子诚 / 纪念他们的步履：致敬北京大学中文系五位先生 28

袁　明 / 合力托举我的老师们 56

韩敏中 / 师承 68

承前启后，守正创新

段　晴 / "没有新东西，就不用写" 83

张　鸣 / 校魂与学缘 93

吴志攀 / 两位老师对我的影响 100

赵敦华 / 我的北大学缘 108

韩茂莉 / 历史地理的学术传承 117

白谦慎 / 老师、同学、社团：我与北大的艺术因缘 129

戴锦华 / 我的老师：梦想和榜样 136

葛兆光 / 北大，1980年代，与我们这代学人 144

朱良志 / 北大承传的精神 153

王跃生 / 文脉与底色：我所经历的北大经济学科 161

周飞舟 / 我的师生缘 171

孙庆伟 / 学统与师恩 179

漫漫修远，生生不息

程乐松 / 平静的自觉：传承就是一种坚守 189

昝　涛 / 指路明灯 195

贾　妍 / 窗外一塔湖图，门里两河春秋：一场始于北大的远行与回归 202

孙飞宇 / 行行重行行，碌碌未敢休 211

陈侃理 / 道之所存，师之所存 218

陆　胤 / "受业师"和"问学师" 224

王洪喆 / 问学之路与归家的人 230

序

  北京大学人文社会科学研究院在邓小南老师的带领下,倡导"涵育学术,激活思想",提出全面理解人文学科的特点,把"传承"放在突出的位置。这里的传承,不仅仅是学科意义上的,是要守住先贤开辟的阵地,更是精神品格上的,是树立典范,勉励后学。我的理解,传承就是要重视学术背后的人,对学脉流传有追溯与敬畏,对学人的品格有温情和敬意。几年来,文研院举办了"传承:我们的北大学缘"系列活动,都是学人讲学人的故事。我现场听过葛兆光、吴志攀这样的知名学者的讲述,我自己也是从那个年代走过来的,很有共鸣。那时候师生之间的心心相印,老先生的风骨与品格,都让人怀念。我觉得北大开展这样的活动,是很有意义的。

  说到传承,不同学科会有不同的体会,但背后的道理是相通的。我在北大主持创建科学技术与医学史系,其中一项重要的工作,就是启动"北大理科与中国现当代科技发展历程研究"项目,其目的是搜集北大理科档案文献与历史珍存,回溯北大理科从发生到发展的历史足迹,发掘北大理科学术理念和精神传统。这就是传承。当然,文研院的"传承"活动,有着人文学科独有的魅力。主讲的各位都是从各自求学从教的数十年经历出发,从追随老师问学的点滴细节讲起,刻画了一组生动的北大人的群像。人能弘道,北大学问的精髓正是在这些"大先生"身上,自然而然地流淌出来。葛兆光老师说,正是北大教给他什么是真正的学问——是将精细的功夫和有意义的问题结合，是将坚实的史料和宏大的视野结合，是有学术的思想，也是有思想的学术。在北大这样的学府，学术传统的影响往往是潜移默化的，而传承就是自觉地意识到这个伟大的传统，并以极大的责任感终生加以践行，去影响身边的人，尤其是学生。

大学里的传承，最重要是靠师生的纽带。韩愈的名篇《师说》，我们都很熟悉，"道之所存，师之所存也"，至今读来亲切有味。我的体会是，老师不能只满足于自己在学问上的成就，老师对学生是有责任的，这是"传承"对师德要求很高的一面。从段晴老师讲季羡林先生、戴锦华老师讲乐黛云先生，都能深切感受到老师对学生的这份爱——既包容，又严格。现在让我们担忧的是有一种风气，有的老师忙于科研、出差、讲学，招了一大堆研究生，却舍不得在培养学生上花功夫。还有的老师把学生当作劳动力，让学生做事，功劳都记在自己身上。学高为师，身正为范。要做好师风师德的建设，需要多听听"传承"里的故事，多学学过去的先生们是怎样带学生的。

而在学生方面，需要认识到"传承"的前提是对老师的尊重。我们不能说凡是老师讲授的都是对的，在知识的细节上，学生超越老师的情况比比皆是；但老师的思考，经历了时间的沉淀，是历经人生际遇、时代风云淬炼的产物。吴志攀老师谈到他研究生时师从法学泰斗芮沐先生，芮先生历经清朝、民国和新中国三个历史时期，受过很多挫折，经历过的事情太多了，很多事情他都明白，只是没有说破。在中国人身上，学问的评价永远不是工具性的，重要的是学做人。先生们的境界，是需要后学认真揣摩，并在余生的时间里去反复体会的。

以上是我参加文研院"传承"活动的体会。我在现场看到年轻学生被师长们的讲述打动，就感到北大是一片肥沃的土壤。国家和民族的发展需要传承，人类的文明要向前，也需要传承，这些都是我们大家的责任。我希望文研院的"传承"活动能够一如既往地办下去，感染和影响更多的人。

韩启德

2023 年 3 月 1 日

筚路蓝缕，润物耕心

他们是"老北大"，有些甚至兼有沙滩红楼与湖光塔影两段记忆；他们的名字放在一起，就代表了"学缘"与"传承"的主旨所在。"黄昏时刻的树影拖得再长也离不开树根"，他们分享的历史记忆，正如柔韧缱绻、不离不弃的黄昏树影，牵绊着我们，抚慰着我们，也促动着我们。

师承与梦想

乐黛云

乐黛云 北京大学中文系教授,中国比较文学学科的拓荒者和奠基人。1952年毕业于北京大学中文系。出版著作《比较文学原理》《比较文学与中国现代文学》《跨文化方法论初探》《九十年沧桑:我的文学之路》等。

1948年夏天，我从家乡贵州来到北京大学中文系上学。大学生活虽然精确来说只有五个月，但却是我一生中少有的一段美好时光。北大中文系的学术气氛十分浓厚，大学一年级的课程也非常丰富，涵盖的学科、知识领域非常广泛。除了文学方面的专业课，我还选修了许多其他专业领域的课程，比如唐兰先生的"说文解字"、齐良骥先生的"西洋哲学概论"等。其中还有一门化学课，叫作"化学概论"。我特别喜欢这门课，因为每两周就可以去沙滩校本部的大实验室做化学实验，非常有趣，我那时甚至都动过要转去化学系的念头。除此之外，白天的正式课程还包括费孝通先生讲授的"社会科学基础"，他教给了我们很多社会学方面的基础知识。1949年以后，学校就不再像这样正式上课了，但这五个月的时光让我沉浸于一个从未体验过的全新的知识天地，也让我一辈子都喜欢这样

左：1950年，乐黛云（中）在布拉格世界学生代表大会

右：1951年，大学时代的乐黛云

的学校生活。

那时，白天正规上课，晚上则是参加各种革命活动。我参加了一个学生自己组织的读书会，以读艾思奇的《大众哲学》为中心内容，也读《共产党宣言》。读书会每两周举行一次，大家都非常严肃认真地进行准备和讨论，我最基本的马克思主义观念就是在那里获得的。那时，我还参加了北大剧艺社和民舞社，全身心地投入此前从未接触过的革命文艺。剧艺社是老北大一个规模挺大的社团，我负责道具、服装等事务性的工作，是剧艺社的"重要人物"之一。当时我们排演了一个挺红火的苏联独幕剧，叫作《第四十一》，我负责的是后台提词。每次排练到苏联红军女战士为了革命事业不得不打死她心爱的敌军军官这一幕，我都会被感动得热泪盈眶。我也喜欢跳舞，就参加了民舞社。民舞社是一个跳民间舞蹈的社团，每周活动两次，由校本部派来一位老同学教我们跳新疆舞。我最喜欢的舞蹈是一支双人对舞，伴唱的新疆民歌也很好听，有几句歌词我印象很深，大概说的是：温柔美丽的姑娘，我的都是你的，你不答应我要求，我将每天哭泣。

当时我们经常举办活动的一个场所是孑民堂，也就是蔡元培校长的纪念堂。它是一个四合院，正房坐北朝南，东西两边各有一排房间。堂前的院子很大，我们经常在院子里开会。五四运动的出发地——民主广场离这里远一些，但也是相当大。

大学毕业后，我就选定现代文学作为我的研究方向，我觉得这是一门风云变幻、富于活力和挑战性的学科，所以很喜欢。但当时我的老师王瑶*先生曾劝我不要研究现代文学。在他看来，研究现代文学太困难了，因为研究的对象都还在世，很难做到公平、正直地评述，一旦评述和研究对象本人的看法相左，那么作者本人或作

* 王瑶（1914—1989），中国现代文学学科的奠基人之一。1934年入读清华大学，1952年起任教于北京大学中文系，主要研究领域为中古文学史、现代文学史、鲁迅研究。

1987年，乐黛云博士论文答辩（前排左起为王瑶、吕德生、吴组缃、乐黛云；后排左起为樊骏、商金林、钱中文、孙玉石、温儒敏）

者的家人、朋友往往就会站出来为他辩护。由于每个人对自己的认识都不完全客观和全面，所以别人不一定会认同你的分析，这样研究者就只好屈从于他们的想法。王瑶先生建议我不如去念古典文学，研究那些已故的人生前写的东西。我后来想了想，觉得做学问就应该表达心中真实所想，不一定要求得对方认可；不认可就会带来不同的声音，也有利于学术讨论和争鸣。所以我没有听老师的话，还是选择现代文学作为我毕生的事业。

我的导师王瑶先生是一个表面冷峻、内心热忱的人。拜入王瑶先生门下后，他要求我每两周必须找他一次，主要谈谈我在读书、研究过程中遇到的问题。那时候大家还是怕说话，怕说得不对，所以说话都很小心。但王瑶先生有一句著名的话："不说白不说，说了也白说，白说也要说。"——这代表了当时一种很倔强的声音。改革开放后，先生为我的一本小书（《比较文学与中国现代文学》）写序，特别谈到每个人都应该根据自己的精神素质和知识结构、思维特点和美学爱好等因素来选择结合自己特点的研究对象、角度和方法。这些话一直以来给了我很大的力量和信心，鼓励我在自己的研究领域中不断前进。

汤用彤[*]先生是我的老师，也是我的公公。在学术研究方面，他常常指责我对古典文学研究得太少，认为不管是研究哪一个时代

---

[*] 汤用彤（1893—1964），专治佛教史、中国古代哲学史、印度哲学史等。1917年毕业于清华学堂，后留学美国，1922年起先后任教于国立东南大学、南开大学等学校，1931年起任北京大学哲学系教授。

的文学，都必须首先练好深厚扎实的古典文学基本功，而这是我做学问最大的缺陷。有一次，他发现我作为一个中文系毕业生，竟然没有通读过《诗经》，感到非常惊讶。我万分惭愧，从此发愤背诵《诗经》，开会时一边做会议记录，一边在纸页边角上默写。我认识到作为一名中国学者，无论做什么学问都要有中国文化的根基——就是从汤老的教训开始的。汤老先生是个儒雅之士，对我这个"极左媳妇"也很有感情，他的宽容温厚一直留在我的心中。记得他在医院病重时的一个深夜，曾对我讲"沉潜"二字的意思："沉"就是要有厚重的积淀，真正降到最底层；"潜"就是要深藏不露，安心在不为人知的底层中发展。这是汤老先生对我观察多年，经过深思熟虑之后，告诫我的做人道理。

给我带来深厚影响的还有温德*先生。先生人很和善，我曾去过他家一次，他热情地招待我们，请我们吃烤面包、喝咖啡，我们聊得很高兴。先生喜欢游泳，我也同他一起游过几次。他游得非常好，仰游时把两条腿交叉起来，然后就平躺在水面上一动不动，非常逍遥。我脑海中印象深刻的一幕是，有一次一两只蜻蜓就停在他的大拇指上，他还是继续一动不动地躺着，任凭它们停着。

上大学一年级时，教我写作的是沈从文先生，他的"大一国文"是我最喜欢的课程之一。沈先生从来不用别人选定的教材，而是将自己喜欢的散文和短篇小说用作范本。他要求我们每两周交一

1957年，春节合影（右起：汤一介、汤用彤、汤丹、乐黛云、汤用彤夫人张敬平、汤一介弟弟汤一玄；左起：萧萐父、杨祖陶、肖静宁、杨辛）

* 罗伯特·温德（Robert Winter, 1887—1987），美国人，在芝加哥大学结识闻一多后于1923年来到中国，先后在国立东南大学、清华大学、西南联大任教，1952年起受聘于北京大学，从此长居北大

罗伯特·温德

篇文章，长短不拘，题目可能是"一朵小花""一阵微雨""一片浮云"等等。我们班有27人，文章交上去，他从来都是一字一句地帮我们改。两三周一次的发作文课也是最让人盼望的，沈先生会在那一个小时里拈出他认为写得不错的文章中的几段，念给我们听，并分析为什么这几段写得好。而对于我们，能得到先生的夸奖就像过节一样。1949年1月，北平围城，我们学生组织起来巡逻护校，分头去劝说老师们相信共产党，不要去台湾。我的劝说对象就是沈从文先生。后来，蒋介石派来的飞机就停在东单广场上，来接这些著名的教授、学者，但沈先生和许多名教授一样留了下来。

邓广铭先生与我的夫家汤家是世交，所以有时我们会到他们家去，邓先生也觉得我们小孩特别好玩，很欢迎我们。我与他的几个女儿差不多大，跟他的二女儿邓可蕴因为性格都比较活泼，所以特别谈得来，常常来往。

北平解放后，新派来的中文系主任杨晦先生是共产党员，也是著名的左派文艺理论家，思想非常进步。他给我们讲文学理论，这对于当时的我们来说非常深奥，我们听得似懂非懂；他晚上还将我们组织起来学习《共产党宣言》，一周三次，风雨无阻，我们也都听得非常认真。

我还见过胡适先生。那时我们刚刚来上学，特别像我这种家里比较穷的学生，在北平寒冷的天气里也没有足够保暖的衣服。胡适先生把我们召集到孑民堂的院子里，亲自给我们训话，鼓励我们年轻人一定要受得了苦、熬得住冷，告诫我们这些都是可以挺过去的。我还记得他那时穿着一件大棉长袍,态度很谦和,所以那时候我对他印象很好。

季羡林先生宽厚、仁爱、特别重感情,他的风范为我毕生仰慕。他特别喜欢校园里的一片水塘,有一次专门在湖里撒了几颗莲子,后来那几颗莲子真的长出了荷花,大家就称之为"季荷",意思就是季先生种的荷花。季先生还有着一颗天真的童心,有时会做一些让人意想不到的事。有一次,临近85岁高龄的先生照例在清晨4点起来读书,一直晨读到6点多,才发现把自己锁在了书房里。其实这时候只要给哪一个学生打个电话让他过来一趟,从外面打开门,就可以解决问题了——因为钥匙就放在门外的一个房间里。可是他觉得时间太早,不愿意惊扰别人,竟然从1.75米高的窗台上跳了下来。这天上午我正好有事去先生家里,就听他兴高采烈、不无骄傲地向我叙述了他伟大的"历险"。我劝他尽量留在家里休息,但他还是坚持按照原定计划进城,参加了中法比较文化研究会的全部活动。季先生非常和善,也很喜欢跟我们交流一些具有启发性的问题。他兼通中、西、印文化,是中国比较文学复兴的中流砥柱,还担任了中国比较文学学会的名誉会长,在该学会的成立大会上致了辞。因为我是做比较文学研究的,就经常去请教他。先生还给我的书《比较文学与中国现代文学》写了序。

现在我们研究比较文学,实际上相比之前有了很大的转折——如今我们主要是研究文学要实现向前发展,

1985年,与季羡林先生在中国比较文学学会成立大会上

应该怎样使不同文化互相渗透、互相理解、互相诠释,从而产生新的解释。这是一种多元的、保持差别的跨文化研究,是我们研究比较文学的人所梦想的。

我与北大

厉以宁

厉以宁 北京大学光华管理学院教授。曾任北京大学光华管理学院院长。1955年毕业于北京大学经济系。主要研究领域为宏观经济政策、经济思想史等,其经济学理论对中国经济的改革与发展产生了深远影响。出版著作《体制·目标·人:经济学面临的挑战》《中国经济改革的思路》《非均衡的中国经济》《股份制与现代市场经济》等。

我的故事实际上很简单。1951年我入读北大,那时已经是新中国成立后了,很多东西,包括教师应该讲什么课等,都是教育部定下来的,所以很多方面都不同于1949年以前的大学。我们那时年纪还小,刚进校,各种运动的大小会议都需要参加,但参加时,很多时候就是拿本书在看,对这些运动并不感兴趣。

从1952年起,情况发生了变化,要开始正规地上学,但那时具体课程都是开课前公布主讲人。这样一来,其实课程也始终在变。

真正开始用心念书是在本科三四年级,因为那时的课程内容对于我们来说都是新的知识了。彼时,讲课老师之间经常流传着一句话:"我们是贩卖者——我们先在中国人民大学学习了经济学,然后到这里来,把经济学再讲给学生听。"当时老师们先在人大听苏联专家讲苏联的教材(有翻译),回来再给我们授课。我们的接受过程就是这样的。

那时,中国逐步建立起计划经济体制,我们也成立了一个"学生计划经济研究小组"。其中,老师跟我们一起讨论正统苏联政治经济学教材以外的相关内容,研究社会经济的道路、方法和理论。大学时期,我一直广泛涉猎课堂之外的知识,所以对于这些课程以外的讨论,也始终抱有一些好感,因为这些跟老师们讲的都不一样。

四年级时有一门学习工农的课程。我们先是在天津纺织机械厂学习了两个月涉及"工"的部分;然后就前往农村学习"农"的部分，那时农村正在广泛开展初级合作化运动。我们自己讲述对于农村运动形势的体会，就等于学习了。所以我读大学的时候，虽然都是上课，但课程开展的具体形式，还是和以后的大学有不同之处。

大学期间，我几乎将全部精力投入了经济学的学习中，寒来暑往，几乎都是在图书馆和宿舍度过的。即便如此，我也一直感叹日月如梭，所学不足。我们班上很多同学后来对经济学都不感兴趣了，但是有的老师很好，这些老师说希望把自己学来的东西拿出来，和大家一起学；这样一来，从他们那儿我也可以得知苏联的计划经济到底是什么样子的。随着自己年龄的增长，我越来越感觉到，如果说我今天多多少少在经济学方面有所收获的话，那么这一切都离不开在北京大学学习期间老师们的教诲。正是在1951—1955年那段难忘的日子里，老师们帮助我为此后的进一步学习奠定了理论、知识和技能的基础。他们是我在经济学领域内从事探索的最初引路人。

大学时代的厉以宁

为我引路的老师中，首先有陈岱孙*先生。他给我们讲了一学年的经济学史，具体说来，就是历史上的经济学家的贡献究竟在哪里，不足又在哪里。而在他那本小小的讲义上，这些知识赫然在册。比如，亚当·斯密的经济学理论对学科发展和学问探索具体有何贡献和不足。他把知识点讲得翔实有趣，所以学生们喜欢听他讲课。而我又爱在他讲完后提出自己的问题，次数多了他可能就觉得这个学生不错，看书很细致。这样一来，陈岱孙老师就跟我相知、交往日深。

第二位是周炳琳**先生。他主要从事经济史研究，拿手好戏就

---

* 陈岱孙（1900—1997），1920—1926年留学美国，获哈佛大学哲学博士学位后归国任教。1953年起任北京大学经济系教授。

** 周炳琳（1892—1963），1920年赴美留学，1922年获哥伦比亚大学硕士学位，后又入伦敦大学、巴黎大学深造。1932年起长期在北京大学任教。

是资本主义的起源。就此问题，他从农奴制开始谈起，这一点对我后来的影响很大。因为实际上，这涉及一个关键问题，即资本主义究竟如何产生。当时很多解释是错误的。它们都从西欧开始讲述，但周炳琳先生跟我聊天时，就谈到农奴如何成为一种制度，而这个制度的形成又和日耳曼人究竟是什么关系。周先生不仅在学问上使我受益，我刚刚留校担任经济系资料员时，由于被视为思想上有问题的人，颇受冷落，当时我的主要工作是帮助承担外国经济史教学的周老师收集资料，他经常邀我促膝谈心，这又是让我一生难忘的温暖。

第三位是赵廼抟*先生，他在制度经济学方面造诣颇深。那个时候法学院有一个门庭寥落的专门图书馆，我是每日前往的常客，而从事经济史、经济学史方面的研究者也都经常去。赵廼抟老师当时是经济系的教授，他为了查东西也经常来，天天看到我就感到很奇怪："这个学生在干什么？"看到我在搜寻经济史、经济学史方面的书籍，他没有任何架子，热切地向我伸出援手："有些书这里没有，你上我家去，我家里有这方面的书。"和赵老师的交往也是轻松惬意的。还记得1955年毕业前夕，赵老师和骆涵素师母邀请我和其他几位同学共游香山，并一起在林中野餐，师生相和，至今

* 赵廼抟（1897—1986），1922年毕业于北京大学，1929年获美国哥伦比亚大学博士学位，次年回国任教，长期从事西方经济思想史、中国经济思想史研究。

在赵廼抟老师（左）的指导下读书

难忘。

第四位是罗志如*先生。罗老师对现代西方经济理论研究深刻。讲课时，他同彼时学界一样，均讲授从人大的苏联专家那里听来的苏联社会主义经济学，但是他又十分注重开阔学生的视野和思路。正是罗先生让我最早模糊地感觉到第三种思维，就是别以为只有一种计划经济，也别以为只有一种市场经济，还有介于二者之间的第三种思维和道路。在这方面，他带给我很大影响。

还有陈振汉**先生。当时他教的是中国近代经济史，把清朝后期作为经济史的重点内容来讲解。正是从他那儿，我学到了经济史比较研究的方法，了解到马克斯·韦伯和熊彼特的经济思想，也学到了陈先生身处逆境仍钻研不断的精神。陈振汉先生的教导，我至今铭记在心：要想在经济学研究中取得成就，必须在经济理论、统计、经济史三个方面打好基础，这样才能有重要的突破。

最后一位是张友仁***先生。他当时讲授的是社会主义政治经济学。他教学严格，几乎完全按照苏联教科书讲，没有自己发挥。对此，他说：这一体系都已定型，还发挥什么，一发挥就错！

大致说来，我在大学时便是经历了这样一个教学过程，而这些老师一直以来和我的关系都不错。

除了师生交往和课业讲授，在老师们身上学到的东西，也对我之后从事教学深有助益，尤其在撰写讲稿和论著方面。讲稿质量的好坏，完全跟个人有关。写好讲稿是一回事；把讲稿变成书，又是另一回事。讲稿是我们的一家之言，对一些经济学家的评论也不一定完全客观准确，所以写书对教师的整个讲课过程都是一种锤炼；一定要经过这般，才能把新的知识融会贯通到自己的学问体系中。

* 罗志如（1901—1991），1927年毕业于北京大学英语系，1937年获美国哈佛大学博士学位后回国任教，1950年起任北京大学教授，专于统计学、西方经济学。

** 陈振汉（1912—2008），1935年南开大学毕业后赴美深造，1940年获哈佛大学博士学位后回国任教，1946年起任北京大学教授。

*** 张友仁（1923—2015），1947年北京大学本科毕业后留校任助教，1950年入读中国人民大学研究生，长期从事政治经济学的教学和研究工作。

最后，我想要说的就是多读书。光听老师讲课肯定是不行的，北大有这么好的图书馆，有这么多藏书，一个好的学生，一定要勤去图书馆。同时，要勤逛书店。在旧书摊上，你几乎能买到你想要买的所有的书。那时候的旧书摊上，几乎本本都有阅读的价值，而买书很大程度上就是寻宝，就是看看这个书里头是否有值得一读之处。现在想来，依然趣味无穷，让人乐此不疲。

北大人的品格

楼宇烈

楼宇烈 北京大学哲学系教授，北京大学宗教文化研究院名誉院长。1960 年毕业于北京大学哲学系哲学专业。曾任北京大学哲学系东方哲学教研室主任、北京大学学术委员会委员等。长期从事中国哲学史、中国佛教史等方面的教学和研究工作，出版著作《王弼集校释》《中国的人文信仰》《东方哲学概论》《中国的品格》等。

我是 1955 年来到北大的,从那时起就一直在北大生活。我进北大的时候,从南校门到百年讲堂这段路刚修好不久,进来以后看到路两边的标语牌上都写着"欢迎你"——"欢迎你,未来的物理学家","欢迎你,未来的经济学家","欢迎你,未来的哲学家"。北大对学子有很大的期望,我感到非常荣幸。

我在中学的时候,兴趣比较广泛,既喜欢历史、语文等,也喜欢数理化。当时看到哲学系——自然科学和社会科学的结合,我想学哲学最好,而那时全国只有北京大学有哲学系,我就报名了,没想到竟然被录取了。北大哲学系名家汇集,那时北京的北大、燕大、清华的哲学系都合并到北大哲学系,包括外地的武汉大学、南京大学、中山大学等哲学系的教授、教师都汇聚到北大来,所以我觉得能进北大学习是非常好的机遇。

当时哲学系有三个专业:哲学专业、逻辑专业、心理学专业。现在逻辑专业已经没有单独的了,心理学单独出去成了心理学系。哲学系有一大批名家,涉及西方哲学、中国哲学,还有伦理学。这些老师应该说都是当时哲学界的领军学者。我觉得跟着老师学习,除了在课堂上听他们讲课之外,更重要的是课下的相互交流。那时,我跟多位老师都有课下的单独交流、交往。我有问题就找他们,这些老师也都肯跟我交流。

老师对学生的影响是潜移默化、润物无声的,这对我后来从事教学工作有很重要的影响。像冯友兰*先生,他的著作非常清楚明白,这对我们后辈的影响是很大的。我们要像冯先生那样深入浅

---

* 冯友兰(1895—1990),1918 年毕业于北京大学哲学系,1924 年获美国哥伦比亚大学博士学位。历任清华大学、西南联大、北京大学教授。著有《贞元六书》《中国哲学史》《中国哲学简史》《中国哲学史新编》等。

出，让从来没有接触过这个领域的人，基本能听懂我们讲的东西。所谓深入，就是让专门从事这个领域研究的人，能够从我们的讲课中听到一些新的知识。讲课要深入浅出，光深入了一般人听不懂，光浅出了也不行。我一辈子的教学都秉持这样的要求，这也是从我的一些老师身上学到的。

冯友兰（右一）与学生们在一起

我们那个时代是非常动荡的时代。老师们一边学一边教，我们是一边听，一边在思考。我是1960年毕业的，赶上了第一次教育改革。这一年也是扩大招生的年份，哲学系扩大招生，招了70名新生，后来有不少中途退学、休学的。紧接着就是"文化大革命"，我们的学习被耽误了，大家关心的学术问题、主流的学术观点也有一些变化。那个时候，苏联的哲学史家告诉我们：哲学史就是唯物主义与唯心主义斗争的历史，就是唯物主义不断战胜唯心主义的历史。我们当时就要根据这样的观念来学哲学、教哲学，到现在还有些遗留的痕迹。

究竟应该怎么认识哲学？西方哲学，特别是近代以来的西方哲学，跟中国哲学很不一样。1958年哲学界发生了一场重大的争论，当时一位中国人民大学的哲学教授提出这样一种观念——把中国哲学与西方哲学合二为一。后来又遭到了批判，因为毛主席提出来的是一分为二。

1957年，冯友兰先生谈到中国哲学遗产怎么继承的问题时，提出在中国哲学史上，有些哲学命题既有抽象的意义，也有具体的意义，这个观点后来被概括为抽象继承法。这个观点当时也被一些人批判了，所以我觉得这个问题是在不得已的情况下产生的。就像《论语》讲"学而时习之，不亦说乎"。这些经验对我们很有意义，也值得我们思考。这也说明北大还是比较学术自由的，教师们能提出自己的看法，学生也能自由思考。

蔡元培先生倡导"兼容并包"，我们还是应当不断传承这样的学习传统。今天，我们又在重新阐释中国的传统文化。中国的传统文化延续了五千年，其中有很多对当今社会非常有意义、有启发的东西，我们应当很好地去发掘、继承和发扬，特别是中国文化中以人为本的思想。我们的学问都是围绕人展开的，我们对一切事物的认识，最终都是归到人身上——对人自己的认识。

认识到自己在这样一个世界中扮演什么样的角色，能够自觉地管好自己，处理好自己与他人的关系，处理好自己身边的关系。中国的文化是由自觉到自律的文化。碰到问题首先要反思自己，只有自己做到了，才能要求别人做到；只有自己不这么去做，才能要求别人不这么去做。

张岱年等与留学生合影（右三为楼宇烈）

如果每个人都能管束好自己，能自律，社会就可以达到和谐，这是人类文明的标志。什么叫文明？按照中国传统文化的意义诠释，"文"就是纹饰，这是"文"本来的意义。文

明就是以纹饰来显示人类跟动物的区别。人必须自觉、不断地进行自我提升、自我认识、自我圆满。如今，人们把一种片面概括出来的丛林法则运用到了人类社会。所谓片面概括的丛林法则，就是弱肉强食的法则，物竞天择的法则，适者生存的法则。而人类智慧的文明应该体现在认识到自己应该不断自我提升、自我圆满，人与人之间不应该弱肉强食，而应该相互帮助。北京大学培养了一代又一代学子，一代又一代为国家做出贡献的学者，希望北大的同学们能够不断地传承发展，能够为国家的未来做出更大的贡献。

楼宇烈在"传承"讲述活动现场

学问

生命之所在

叶 朗

叶朗 北京大学哲学系教授，北京大学艺术学院名誉院长。1960年毕业于北京大学哲学系，曾任北京大学哲学系、宗教学系主任。主要研究领域为美学原理、中国美学史，出版著作《美在意象》《中国美学史大纲》《中国小说美学》《意象照亮人生》等。

我是1955年考入北大哲学系的,到现在已有六十多年。1958年人民公社化运动的时候,我们全系的老师都下乡参加运动,整个过程我们都经历了。下乡的时候看到冯友兰先生出了一本书叫《四十年的回顾》,当时我们就说冯先生太了不起了,居然写四十年的回顾。而我现在正在写我这六十多年的回顾,当然,写起来也有一些困难。

我听到很多从北大毕业的学生说,北京大学这所大学能影响人的一辈子,只要在北大上过大学,你身上就会打上北大的烙印,一辈子都躲不掉。我想这个烙印主要是指精神的影响、精神的追求,包括志趣、爱好以及整个人生境界。反观我自己,我也是如此,先是在北大当学生,后来在北大工作,我感到北大有一种人文传统和精神氛围。在这种传统和氛围的影响下,不论是老一辈的学者还是年轻的学子,都有一种强烈的学术渴望、学术热情和学术追求,这种学术渴望、学术热情和学术追求包含着一种人生观、价值观,就是把学术研究看作自己精神的依托、生命的核心,把做学问看作自己的生命所在。这种氛围对我有很深的影响,我下面讲两件事来说明这一点。

第一件事情发生在1958年,全国农村开展人民公社化运动,我们北大哲学系请了北京大兴县黄村人民公社的主任做报告,报告的内容是讲他们原来的高级社遇到的种种矛盾和解决方法——只有进入人民公社才能解决矛盾。这个报告是在论证人民公社的必然性。这位公社的主任拥有丰富的材料,讲得十分生动。有一位北京市的领导同志也参加了这次报告会,他在报告会最后作讲话。他说:

"你们看,现在的哲学家并不是在书斋中做学问的人,而是像这名人民公社主任这样的农村干部,他们善于在实际生活中分析矛盾、解决矛盾。"当时我们都觉得这位领导讲得很对。冯友兰先生也来听报告了,他也觉得这位领导讲得对,但是他补充了一句,原话大概是:"现在的哲学家当然是这些公社干部,但是像哲学史、逻辑学这些学问他搞不懂,而我们这些人就可以搞这些学问。当然,我们不能成为哲学家,我们可以成为哲学工作者。"这话传出去后有人就说:你看,像冯友兰这样的教授,他是不愿意退出历史舞台的。在我们今天看来,冯先生这个话真准,他是把做学问看作他的生命所在。

第二件事情也发生在 50 年代。当时历史学系有一名研究生,现在也是很有名的学者。1957 年,他被划成右派。右派是不可以工作的,所以他就留在学校里干一些打杂的事,系里面有下乡劳动的任务时一般都会派他参加。但是他在这种环境中依然在做他的学术研究——在乡下白天参加劳动,晚上做研究。据历史学系的人说,他用很端庄的小楷写了一本又一本研究成果,都达到了可以马上送去出版的程度。但每当他听说系里有部门准备给他摘掉右派"帽子"的时候,他就会想尽办法让"摘帽子"这件事不了了之。

经历过那段历史的人都知道,戴上右派"帽子"的人会被别人另眼看待,滋味极不好受。可他为什么不愿意摘去呢?原来摘掉右派的"帽子"后他就要毕业,要分配工作,就要离开北京。当时没有现在的互联网,一离开北京他就会因为资料缺失而无法继续做研究——也就是说,为了做学术研究,他宁愿戴着右派的"帽子"。当然,随着历史情况的变化,后来他摘掉了右派的"帽子",分配了工作,成了一位很有成就的学者。这个例子很典型,它说明了对于北大历史学系的学生,对于北大的学者,做学问,真正成了他的生命所在。

我举这两个例子是想说明，北大形成了一种人文传统和精神氛围。在这种传统和氛围的影响下，北大很多人，从年轻的学生到八九十岁的学者，都把做学问看作自己生命的核心，看作自己生命之所在。我自己进了北大，也深受这种传统和氛围的影响。我刚才讲了，1955年我考入北大，1956年中央号召向科学进军，我们在心中都把成为一名学者作为自己的目标。正好是一次大讨论使我走进了美学，后来虽然学科发展有曲折，但无论有多少困难依旧改变不了北大精神传统对我的影响。

刚才讲到，1958年哲学系全体师生下乡参加人民公社化运动，但我还是持续关注学术方面的动态，听到一点学术的消息，不管是从哪来的，都很兴奋。我留在乡下就找学术方面的书来读，毕业后留校工作我也是利用一切机会读书、做研究。我写了不少文章，尽管在当时的环境下多数不能发表——因为在当时，这是越轨的行为，但我仍是只要有时间就读书、写文章。记得有一天晚上我在房里看书，外面有人推门，走进来的是我们系的一位老师，他一进来见我在房里看书，脸色马上就变了，好像我在干什么坏事。我坚持走"白专"道路——这是当时的风气，现在的年轻学生很难想象。

有一次我们教研室开会，教研室有人批评我热衷于"成名成家"一直不改变，明显的证据就是写文章。他用极高的声音说："不是写一篇两篇，也不是写三篇五篇，而是写十几篇！"我当时确实偷偷写了十几篇文章，但是被发现了，这在当时是多大的罪状！

有一次在学习会上，一位同事对我说："你在系里是大家公认的'修正主义苗子'，你知道吗？"他的意思是说我这种走"白专"道路的人更是要好好改造自己，用现在流行的话来说就是要"夹着尾

叶朗(中)在"传承"讲述活动现场(左：昝涛；右：张鸣)

巴做人"。今天想来，"白专"道路也好，"成名成家"也好，"修正主义苗子"也好，这些指责在我身上其实是一种学术渴望、学术热情和学术追求。正是有了这种学术渴望、学术热情和学术追求，在改革开放之后，也就是大家说的"学术的春天"到来时，我能写出一些著作，能在中国美学和中国艺术的领域做出一些成就。同时，我也能够为推进北大人文艺术的学科建设和整个社会的美育艺术教育做一些工作和贡献。这就是我讲的北大的传统，就是以做学问作为自己的生命所在。

北京大学人文学科老一辈学者的学术研究往往是一种纯学术、纯理论的研究，而不是一种应用性、技术性的研究，不是为了直接解决某一个现实问题的实用研究。这种纯学术的研究有可能在学科基本理论的核心区域产生新的概念、新的思想，乃至创建新的理论体系和新的学派。20世纪90年代，我曾经听到北大有一位学者和记者的谈话，他把自己的研究和我们哲学系汤用彤先生的研究进行对比。他说汤先生的研究是纯学术的研究，比如魏晋玄学、隋唐佛学的研究，没有针对当前现实问题进行研究，没有对当前的现实问题发表看法。而接受记者采访的这位学者自己则更关心现实问题，强调要对当前的现实问题发表看法。当时我就觉得这位学者的谈话带有某种片面性，针对现实问题进行研究，针对现实问题发表看法当然很重要，但是人文学科以及社会科学学科的纯学术研究、纯理论研究同样很重要。大家都知道，时代问题从来都是理论思考的推动力和催化剂。历史上很多大学者往往把时代的要求融入学理的思考，把时代的关注和学理的兴趣统一在一起，致力于对基础理论、基本概念的思考和突破，从学理上回应时代的呼唤。

一所世界一流大学应该能够在人文学科和社会科学学科领域孕育及产生新的概念、新的思想、新的学派，这种新的概念、新的思想、新的学派往往能对一个社会、一个民族、一个国家乃至整个人类的文化产生当时也许不可察觉但其实巨大深远的影响，这个有点类似自然科学的基础理论。大家知道，我们哲学系有一位期颐老人杨辛*先生。他有一篇文章，说世界一流大学有两个特点：一是要有一批一流的学者，二是要产生新的学派。几年前我到他家里去看望他，他对我说："我认为我们现在应该提出创立学派的问题。"我觉得这是杨先生一个重要的看法。

我认为北大的传统：一是无论是老一辈学者还是年轻的学者，都把做学问看作自己的生命所在；另一个是，我们有一些学者非常注重人文学科和社会科学学科基础理论的建设，致力于孕育和产生新的概念、新的思想、新的学派。我认为这对我们社会、我们民族、我们国家也是非常重要的。

* 杨辛(1922—)，美学家，书法家。早年就读于北平艺术专科学校，师从徐悲鸿、董希文。1956年调入北京大学哲学系，长期从事美学的研究与教学工作。

纪念他们的步履

致敬北京大学中文系五位先生*

洪子诚

洪子诚　北京大学中文系教授。1961年毕业于北京大学中文系。主要从事中文写作、中国当代文学史、中国新诗等方面的教学和研究工作。著有《中国当代文学史》《问题与方法：中国当代文学史研究讲稿》《1956：百花时代》《我的阅读史》《材料与注释》等。

---

*　洪子诚在"传承"活动中讲述了中文系五位先生的故事，相关内容此前已经成文，发表于《南方文坛》2020年第4期。感谢洪先生慨允收入本书（内容略有删改，注释从略）。

冯至《十四行集》第十七首写到，原野里有充满生命的小路，这是多少无名行人的步履踏出来的；"在我们心灵的原野里／也有一条条宛转的小路，／但曾经在路上走过的／行人多半都已不知去处"，他们中有"寂寞的儿童，白发的夫妇，／还有些年纪轻轻的男女，／还有死去的朋友，……"；"我们纪念着他们的步履／不要荒芜了这几条小路"。

我的"心灵原野"也有众多行人步履留下的小路：经典作家、长辈、同辈和学生……可以列出长长的清单。这里设计几个条件来将范围缩小。一是他们和我同属一个时代，也就是出生在20世纪30年代。二是都从事20世纪中国文学／文化研究，研究对象跟他们的生活处于重叠状态。三是我不仅在书籍、论著上和他们见面，而且彼此有程度不同的交往。不是要全面评价他们的成就和人生——这既不可能，我也没有这个能力，只是讲我从他们那里学到些什么，得到怎样的启示。这些零碎的感受，当然难以呈现他们富足、多彩的人生。

在这样限定之后，要感谢的先生便是下面几位——乐黛云（1931年生）、谢冕（1932年生）、严家炎（1933年生）、孙玉石（1935年生）、钱理群（1939年生）。五位先生虽然经历、性格各异，但也有共通之处。他们的生命，基本上镶嵌在1949年成立的共和国的历史之中，他们都曾有青少年时期热切追求革命、向往"新世界"的理想主义生命底色，也经历了遭遇理想挫折和寻找生命更生的过程。他们在各自领域（比较文学、中国现当代文学和中国新诗研究）中都是具有奠基性或开拓性贡献的学者。另外，学术与人生在他们那里难以分离，就如严家炎所说："不但学问的终极目标应该为了人生——有益于人生，而且治学态度也是人生态度的一种表现。"也就是说，他们的学术研究，不仅基于知识性、职业性的兴趣，更是来自对历史和自身问题的关切。因此，我曾经在写乐黛云的一篇文章里，用了"有生命热度的学术"这样的题目。

乐黛云：受限人生和开放心灵

五位先生中最年长的是乐黛云，她出生于偏远的省份。1948年她17岁时，从贵阳到重庆参加大学入学考试，同时被几所大学录取，她最终选择了北大。当时北大在城里的沙滩，乐黛云积极投入中共领导的学生运动，秘密印制、分发革命宣传品，到沈从文先生家劝说他留在即将解放的北平。20世纪50年代初，曾作为北京市学生代表参加社会主义阵营在布拉格召开的第二届世界学生代表大会。1952年毕业后留校任教。在她面前展开的是彩色的生活前景。

我知道乐黛云的名字是上高中的时候，在《文艺报》《文艺学习》上读到了她的文章，特别是连载的《现代中国小说发展的一个轮廓》。由于政治、学术上的出色表现，显然她得到了"宠爱"，有过"黛子"的昵称——这是我入学不久在中文系教师工会办的墙报上看到的。不过，在北大读书的五年中，我没有见过她的面，也没有听过她的课。原因是反右运动中她成了右派，主要依据是带头筹办同人刊物《当代英雄》。至今不清楚为什么使用这个刊名，虽说莱蒙托夫以此为名的小说当年颇为流行。刊物其实并未出版，我看过贴在中文系所在地走廊的创刊号目录，记得有小说、有论文，其中醒目的是与毛泽东《在延安文艺座谈会上的讲话》商榷的文章。因为办刊这件事成为右派的有九人之多，他们大多是当时中国文学史教研室的青年教师，其中有后来成为著名学者的金开诚、裴家麟、沈玉成、褚斌杰、傅璇琮等人。

乐黛云随后被开除公职，每月领16元生活费，被送到京西门头沟斋堂的农村"监督劳动"。她自己说，因为总不"认罪"，右派"帽子"迟迟不能摘掉。1962年，她才回到中文系资料室当资料员。后来允许她上课，她和我同在现代汉语教研室的写作课教学小组。但我和她来往不多。对她有更多的了解，要到"文化大革命"期间江西鲤鱼洲"五七"干校的时候。

乐黛云的学术贡献，是在比较文学和中外文化交流方面，正如戴锦华说的：她在当代中国参与创建的比较文学领域，"启动了80年代最重要的学术思想基地，带来了完全不同的视野、方法，孕育着参与、介入、变革中国与世界的力量"。

从我个人得到的帮助和启示方面，20世纪70年代末和80年代有几件事深留在我的记忆中。大概是1978年，中文系举办了很多讲座，我讲的主题是批判"主题先行"的创作观念。大概是说这一观念的提倡、推行，是服务于"四人帮"的政治，也违背了艺术的规律，只能导致公式化、概念化的后果。讲座结束，正当我沉湎于自己的激情和学生的掌声中的时候，乐黛云走过讲台，留给我一句冷静的话："这个问题不能说得这么简单。"另一件事是关于"伪现代派"的争论。80年代文艺界的"现代派热"，引发了小说、诗歌、绘画、电影领域的先锋性探索。随后就有关于真假现代派的争论。一种意见是，相较西方现代派作家作品，中国这个时期的"现代派"都不是"真正"的现代派，出现了"伪现代派"的概念。乐黛云在系里碰到我，问我怎么看。我肯定了一些批评文章对这些探索性作品的性质、价值的辨识。她显然不赞同我的意见，但也只是说："现在谈规范太早了。"再有就是1988年夏天北戴河文学夏令营里，她有关在启蒙的80年代对无限主体信仰的批判性分析的演讲引发了我的思考。

这些看似零碎的事情，其实提示了在那个思想、学术重建与革新的年代，乐黛云在思想文化问题上思考的基点。一个是受限个体在历史上的可能性，另一个是中外文化关系上的视野和心态。后来我读了她论现代文学、文化的文章和她的自传，加深了对这些问题的认识。在80年代，她很早就与那种"无限个体"的幻觉保持距离，这应该跟她的遭遇密切相关：1980年她在《新文学论丛》上发表的论《伤逝》的文章（其实写于1963年，投稿《人民日报》未被接纳）说明了这一点。她在自传《我就是我：这历史属于我自己》中回顾来路时有这样的感慨："我的生活充满了跌宕起伏，无论好事坏事全都来得出人意料，完全无法控制；大事如此，小事亦然。"所以她说："……米歇尔·傅科（现多译为福柯）曾经断言：个人总是被偶然的罗网困陷而别无逃路，没有任何'存在'可以置身于这个罗网之外。"跌宕起伏、罗网困陷的经历和体验，让她在"时运好转"时不曾狂傲膨胀，而明白了这一点也让她在跌落低谷时从不自暴自弃。她知道存在"荒谬"，却不靠近虚无。可贵的是，她从不夸张、放大个人的苦难处境，在这一点上她的境界无疑高于当年大部分的"伤痕文学"。正如一位学者的评议："在她看来，错误并不都在一面，而是由许多个人无能为力的、错综复杂的历史机缘所造成。"从"本质"上说，她是对未来有坚定期待的理想主义者，她赠送给我的自传上的题词是："让我们一起回忆过去，展望未来!"她坚信,受限处境中的个人行为轨迹,虽是生命中偶然的点和线,但将各种"偶然"连成一气,也有可能展现那"似有似无"的"必然"。这就是"别无逃路"的个人的勇气和积极承担的根据。

在思想文化问题和中西文化关系上,她依循的是鲁迅的"外之既不后于世界之思潮,内之仍弗失固有之血脉,取今复古,别立新宗"的理想。她说,鲁迅不满足于现实层面而超越于现世的终极精神追求,可以说是她后来学术生涯的起点。她把 20 世纪初中国出现保守主义、自由主义、激进主义等,看作共同"存在于一个框架"的思想流派,认为它们之间的"张力和搏击正是推动历史前进的契机"。在她那里,"走向世界""勇于吸收",是一个坚定的、重要的命题。她推举闻一多 20 世纪 40 年代在《文学的历史动向》中的观点:一种文化的"本土形式",在经历花开极盛到衰谢的必然过程中,需要"新的种子从外面来到,给你一个再生的机会"。因此,她不轻视、鄙薄"伪现代派",认为活跃的探索呈现的"无序"状态并不都具负面意义;在文化交汇中,"误读"是必然的,误读"是促进双方文化发展的契机,因为恒守同一的解读,其结果必然是僵化和封闭"。我感觉她的内心深处,存有挣扎着反抗社会运作统一化的"反熵"(这个概念在 80 年代"文化热"中曾流行一时)的责任承担;这一责任所面对的,不仅有突破隔离封闭体系,将文学,进而将人的生命引向开放、动态、发展状态的急迫,也有在"全球化"中抵抗另一种性质的统一、复制、同质化的危险的警惕。但她最警惕的是那种文化、思想上的狭隘民族主义。她深知,如果没有一个更高的、超越性的文化理念和价值观,那只能走向衰敝。

其实,乐黛云先生最让我感动的一点是她的真实。拿我自己来说,表与里、言与行总存在脱节,存在不一致,甚至互逆的情况;她却是我认识的人中，较少有"面具意识"的先生。听她说话，听她讲课，读她的书和文章，给人的突出印象是她的一致，她的自然和自信。自然，就是不做作，就是率直坦诚，就是不左右摇摆，不见风转舵；就是在风云变幻、眼花缭乱的时势中，努力坚持自己独立的判断，不苟且，不阿世媚俗；就是保有开放、批评，但也包容、非排他性的心态。从 80 年代以来，我多次见识她面对重要事变时的表现，在共同经历的许多事件中，我们的表现真的远不如她沉着、勇敢。

严家炎："求实"的当代意义

尽管谢冕先生比严家炎先生大一岁，但先讲严家炎是有理由的：谢冕读大三的时候，严家炎已经是老师。他 1933 年生于上海宝山县。他是个怀抱革命理想的热血青年。1950 年高中毕业时，不愿遵从母亲要他报考"正规大学"的意愿，他报名进入华东人民革命大学。这所培养革命干部的大学学制半年，教授学生社会发展史、中共党史、土改法等。1956 年，北大招收文艺学副博士研究生（当年学习苏联学位制度，设博士和副博士，副博士学制四年），已在厂矿宣传部门任职的严家炎，以同等学力报考并被录取，师从杨晦、钱学熙教授。前面说过，因为反右派斗争扩大化，北大中文系中国文学史教研室许多青年教师成了右派，开不出课来，1958 年便让严家炎肄业转为教师——虽说他并不情愿。

十几年前，我曾写过短文《"严"上还要加"严"》，谈到严先生的学术和为人的品格。我的书和文章中，这篇短文的读者可能最多，证据是 2009 年 11 月，在中国人民大学举办的世界汉学大会最后一天的"圆桌会议"上,我坐在瑞士汉学家冯铁旁边,他说因为读了《"严"上还要加"严"》知道了我的名字,而且这是他唯一读过的我的文章。听了他的话,我当时便后悔为什么花费那么多精力写论文和书,而没有多写这类文字。

在那篇文章里,我讲到"五七"干校期间我们搬用昆剧《十五贯》中人物的名字,给严先生取了"过于执"(简称"老过")的绰号,讲到修排灌渠时他当质量检查员,如何用三角量尺精细测量我们挖的水渠的坡度不合规格,要我们返工——因为当时正值中午收工时间,大家饥肠辘辘却不能走,我们怨而不敢怒,所以这件事我印象深刻。这些都是在说明他认真、严谨、求实,但也固执、迂、认死理的性格。"老过"这个绰号自然是赞赏,但也表现了我们遭遇他的固执时的无奈和崩溃。对于他的认真严谨的"威慑力",我还有另外的体验。1958年,我大二时参加集体科研,编写关于中国现代文学史的书,分给我的是叶圣陶、郁达夫两个小节。系里派他来指导,他把我叫到资料室,完全不顾当年路线至上、年轻人挑战"权威"的天然合理性的时代氛围,批评我材料没读多少就敢下判断。我虽然当时没有吭声,但对他强调的材料很不以为然。再就是1988年在北戴河,我说郭沫若的《李白与杜甫》迎合了毛主席的尊李抑杜。他立刻板起脸来:"你有什么材料,有根据吗?"我确实没有材料,顿时语塞,但碍于有诗人任洪渊在一边,搁不住面子便和他吵起来。从海边回到住处,互不理睬,一路无言,一时竟忘了他是我的老师。

20世纪80年代初,严家炎先生出版了两本重要的论文集,头一本是《知春集》,第二本是《求实集》。"求实"既可以看作他的"宣言",是他的学术、人生目标,也是他对事物评价的标准。唐弢

严家炎先生

先生在《求实集》的序中说，"他正直，有点固执，肯承担责任；对于工作，即使不能说是忘我，也很少有为个人利益着想或者打算的时候"。说他的"求实"有时候近乎"迂"，这里有一个例子。"文化大革命"刚开始的时候，系里教师曾有针对他的批判会。当有人指责他"追随邵荃麟贩卖中间人物论"的时候，他的回答是："我没有'追随'他，我关于《创业史》的观点在1960年下半年就已经形成，第一篇文章发表在1961年6月，写这些文章的时候我不知道邵荃麟的看法，没有受过他的影响。"这个与邵荃麟争夺"错误""罪过"发明权的回答，让批判者一时无语。1963年6月，他的《关于梁生宝形象》在《文学评论》刊出后，柳青怒气冲冲地撰文反驳，因此在1964—1965年批判邵荃麟期间，严家炎也被归入写"中间人物"的支持者而受到波及。但是"文化大革命"初期，严家炎到西安看到柳青受冲击，却主动去见陕西作协的造反派，认为柳青这样有成就的革命作家不应该受到这样的对待。

后来柳青到北京治病，他也到医院看望，并为自己年轻时的"失言"致歉。在这里，"求实"体现了执着于事理而不计较个人得失恩怨的伦理原则。

不过，据我所知，严家炎20世纪60年代关于《创业史》的看法后来并未改变，他只是说那时候年轻说话不知分寸——指的是他对梁生宝形象塑造存在"三多三不足"（写理念活动多，性格刻画不足；外围烘托多，放在冲突中表现不足；抒情议论多，客观描绘不足）的概括。在《"严"上还要加"严"》的文章中，我检讨"文化大革命"初期曾起草有二十几位青年教师签名的大字报批判他。经过了"文化大革命"，我却偏于认可他的主张。我想，在思想艺术上，我们都是被19世纪"现实主义"喂养的，长期累积的有关典型性、深度、艺术形象的丰满和逻辑依据等"经验"深入骨髓。这是否阻塞了我们理解、亲近变革（不管是"现代派"，还是"社会主义现实主义"）的通道？这是留给我们的问题。

说到"求实"，容易和保守、墨守成规联系起来；对严先生而言，这是想当然的肤浅之见。表面看来，他确实很少把理论的标新立异和建构研究"新体系"作为学术目标。他没有设计理论框架的体系性宏大论著。是他不能吗？我倾向于认为是他不愿。正如解志熙说的，他关注的是学科研究中"长期积累的、有待解决的一个个问题"，"所以他的论文大多针对具体问题而发，并力求具体问题具体分析，使问题得到切实的解决"。在一点一滴的学术积累中切实推进这些领域的研究，这就是"求实戒虚"的学术态度和学术选择。严先生的这种不怎么"典型"和"显眼"的态度和选择，在当今喧嚣浮躁风气弥漫，热衷建构缺乏问题意识的研究体

严家炎先生手稿

系的学术界，越来越显现出它的意义。

其实，"老过"在严肃、平和、中正的外显性格中，隐蔽着浪漫，也许还有那么一点狂放的一面，只是这一面还未被更多人认识（或看穿）。这表现在参与学科的奠基和在研究拓展上他做出的贡献——提出以"文学现代化"来理解20世纪现代文学的性质；最早提出将通俗小说、20世纪古体诗词写作，以及由于政治、意识形态原因被排除的作家、文学现象纳入现代文学研究范围；最早开设现代小说流派研究课程和出版相关论著，改变被线性时间视角宰制的历史叙述局面；最先（现在仍存在争议）在大学讲授金庸小说，在20世纪文学史上给予金庸极高评价……

90年代曾经有北大当代学者墨迹选的书问世，严家炎题写的是李白的"狂风吹我心，西挂咸阳树"（《金乡送韦八之西京》）。我不大明白他借此"寄怀"的具体对象，但觉得一个感受到心被"狂风"所吹的人，肯定也不会是心如古井。如果说人生一定有一个或几个转折点的话，那么，他1991年赴美国斯坦福大学做客座研究员之行，是可以考虑的时间——这一点，来源于谢冕先生的分析和提示。其实我也有可靠的根据，与他要好的朋友曾跟我说过，严先生说那时他终于体会到什么是"幸福"。我很好奇：严先生那样严谨、严肃的人，怎么会喜欢金庸？他也会做飞檐走壁的梦吗？也动过上山修行的念头吗？读到郭襄告别杨过和小龙女的时候，也会一夜无眠吗？记得和贺桂梅访谈他的时候，我还专门问了这个问题："您是出于研究上的动机，还是真喜欢金庸？"他斩钉截铁地回答：是真喜欢。

如果你还不大相信，那我要告诉你，严先生读中学时，就写过一两万字的、没有发表的武侠小说。

谢冕：敏锐和勇气

谢冕和孙玉石先生大学比我高一年级，他们是1955级，我是1956级的。我们都住在32斋（北大学生宿舍原称"斋"，可能认为蕴含"旧时代"气息，1958年改称"楼"）。谢冕虽然只比我高一年级，却大我七岁；比他同年级的孙玉石、孙绍振也大三四岁。同届学生整体年龄存在较大差别，在当代出现过两次：一次是20世纪50年代，另一次是"文化大革命"后的1977级、1978级。50年代是因为需要大量经济建设人才，一批文化水平较低的干部经过"工农速成中学"后进入大学，也有不少参加工作三年以上的为提高自己而考进大学——他们被称为"调干生"。他们有自己的食堂，有区别于应届生的"调干助学金"，或带着原来的薪金，普遍担任各个级别的学生干部；学生中出现的这一"阶层"划分，是这个时期大学校园的特殊"风景"。

谢冕就是"调干生"。他是福州人。福建当代才子才女辈出，尤其是在文学批评领域。他热爱文学，热爱新诗，1948年在福州三一中学读初三时，便在福州的《中央日报》上发表了散文《公园之秋》。新中国成立前夕，他出于对正义、自由、光明的追求报名

1955年，入学北京大学时的谢冕

参军，在军队担任文化教员——我们有时候调侃他是没摸过枪的军人。1955年他从军队复员，报考北大中文系，以实现文学的理想。大学的几年里，谢冕连同福建同乡张炯，以及被划为右派之前的林昭、张元勋、沈泽宜、江枫，在我眼里是北大"文艺界"的知名人士。

我认识谢冕和孙玉石是在1959年初。《诗刊》主编臧克家、徐迟觉得已有三十多年的新诗应该有一本"观点正确"的新诗史，他们认为靠老专家来写不行了（那时正刮着批判"资产阶级学术权威"的狂风），徐迟先生便到北大找到还是学生但已崭露头角的谢冕，让他组织几个人来承担这一任务。谢冕招募了同年级的孙绍振、孙玉石、殷晋培和1956级的刘登翰，因为刘登翰和我要好，我便阴差阳错跻身其中。六个人住进北京城东北角和平里的中国作协宿舍，在一个两居室的单元里度过了寒假半个多月的时间。读书，争吵，写作。谢冕是当然的领袖。我虽说喜欢诗，但对新诗史知道不多，学术研究更是懵懂无知。从他们特别是谢冕那里学到了很多生活经验、历史知识和艺术感觉。对他最突出的感受是他的生活热情，审美感悟的直接、敏锐，那种富历史感的宏观视野和在细节把握基础上充溢诗意的概括力。

谢冕热情，喜结交朋友，对人友善。他崇敬、追慕"至美"，美文、美食、美景、美人、人道的社会、富道德感的完整的人……他赋予这些事物以浪漫诗意。在这个方面，他与福建老乡浪漫诗人蔡其矫同气相求；虽然在表达这种追慕上，他不如蔡先生勇敢。"文学是一种信仰"是他常说的话——在"信仰"已罕见（遑论"文学"）

的时代，这个表白让他在我们眼里是不老的"老文青"。1967年，北大未名湖边一株美丽的榆树被无端砍伐，他很长时间绕道而行，不愿经过那个现场。后来我在牛汉先生的书中看到了相似的强烈反应：牛汉在咸宁"五七"干校时，看到一棵枫树被砍倒，蹲在树坑前失声痛哭，并为此写了《悼念一棵枫树》："叶片上还挂着明亮的露水／仿佛亿万只含泪的眼睛。"那时，不如意事多多，人有时显得无能为力，谢冕许多时候并不快乐。1969年，北大"清理阶级队伍"，他和严家炎等几人无端被定为"反动小集团"而受到批判。"五七"干校期间，他因有检举信说他参加"五一六反革命阴谋集团"而受到审查。后来他带领1972级、1974级工农兵学员，不避辛劳到西双版纳和北京郊区农村生活劳动，指导他们写作，又因讲课、批改作业的思想审美倾向不符激进潮流，在"反右倾回潮"运动中再次受到批判。遭遇这些打击，事后却从不向他人倾诉他的痛苦和心理负担，也未见他在文章中讲述；他选择了沉默。我在他的眼神和容上读出："我看得很明白，但我不说。"

大家都知道谢冕在当代文学学科建设上的贡献。他和张钟在北大中文系筹建第一个当代文学教研室，招收第一届当代文学博士研究生。他指导的许多学生后来成为著名学者和批评家。他新诗的研究成果丰硕。更值得提起的是，这三四十年他先后主持的多个大型研究项目："二十世纪中国文学丛书"、"百年中国文学总系"、《中国新诗总系》、《中国新诗总论》……

我在北大上过十来次当代文学基础课，90年代后，常有学生对谢冕的《在新的崛起面前》（以及《失去平静之后》）在当年引发的轰动、争议不解。他们从里面没有寻找到想象中的激昂慷慨、振聋发聩的言辞。确实，后来者不太能理解那个环境中这些表述意味着什么，也难以真切感知作者为此经受的压力。他的这些文章刊出后，不少名望极高的诗人对他非常不满。后来在"清除精神污染"运动中，他更受到了批判。

但诗歌界许多人对他的功绩感念不忘。20世纪90年代末期，诗歌"江湖"曾流传"中国当代诗坛108英雄座次排行榜"（作者署名百晓生），虽说是游戏之作，许多评议却并非没有根据。在这份榜单中，谢冕被列入"世外高人榜副版"，理由是"中国诗坛能有今日，一要感谢党，二要感谢谢教授。当年他在诗歌评论界竖起'朦胧派'这杆大旗，居功甚伟"。对于这个问题，90年代的一篇文章（《谢冕与朦胧诗案》）有颇透彻的分析。文章认为，他为一个思潮性的现象做了后来广为流传的命名——"新的崛起"。"这种发现、概括与命名至少表现了谢冕两种弥足珍贵的品质：敏锐与勇敢。""在对文化人长时间的、覆盖性的压迫与伤害之后，谢冕竟还会这样卓然不群地立举新说，使我们隐约地感到了中国文化生生不息的内在力量，更使我们在选择自己入世为文的姿态时有了一个直接的榜样。"文章还说，"我不怀疑当时中国有比谢冕知识准备更充足的学者，但毕竟是谢冕举起了旗帜。所以我们才强调勇敢对于一个学者的重要性；在关键时刻只有勇敢才能把知识转化为创造。从思想与文化影响的角度看，谢冕的概括与命名使原本处于朦胧状态的朦胧诗派开始自我发现，他唤醒了那些诗作者作为一个诗人与作为一个流派的自觉并因此使他们渐成气候；同时他的命名与指认也使社会看到了朦胧诗派的存在，从而使这种存在牢固起来"。这里讲到了知识准备的问题。确实，并非知识越多就越聪明，"博学之士"未必能成为一个时期或某种潮流的核心人物。屠格涅夫曾谈到俄国19世纪40年代文学、思想界的情况，他说，"在当时的情况下，这个知识不够的现象正是一种有特征意义的标志，差不多是一种必要"；因为"博学"在需求和爱好上，可能与社会大众的期望脱节，对他们的优点（也包括缺陷）不能充分理解。能否成为时代潮流中的"核心人物"，在社会批评和美学批评上，在批判性的自我认识上做同时代人的领袖，关键在于他是否能贴近、了解社会民众的迫切需求。这个分析，也为 80 年代中国文学、思想界的情况所证实。从这一角度看，不因"博学"而导致平庸的敏锐又是非常重要的，它是勇气的根基。

90 年代之后，谢冕与先锋探索诗歌的关系发生了一些变化，他持续表示对 90 年代之后的诗歌的失望。许多人认同他的指责，也有许多人失望于他的失望。他批评诗歌写作整体存在回避现实、走向"私人化"的趋向，失去了新诗开创以来的"忧患意识"的传统。他在 2018 年出版的《中国新诗史略》中再次尖锐地指出，"……此刻我们的事实是，所有的诗人都在写着自以为是的诗，而所有的读者也都在自以为是地摇头。所谓诗人的自以为是，是说诗人并不知道自己该写什么，怎么写，诗人在挖空心思写那些'深刻'的诗……平庸、琐碎和无意义就是他们的追求。那些所谓的纯诗所体现的哲理，其实就是千篇一律的浅薄"。又说，"人们对诗歌的不满由来已久，而诗歌业界中人却从来不予理会。……诗歌可以而且应当按照诗人的意愿为所欲为，但诗人同样没有理由对社会重大问题无所用心"。

对于 90 年代以来诗歌的描述、评价，我不完全赞同他的看法；这个分歧，在 1997 年福建武夷山现代汉诗学术研讨会上已经出现。他指出的许多消极现象并非不存在，但也不是诗界的全部，仍有不少优秀诗人在做着以有个性的方式去回应历史、时代问题的探索。

90年代以来,我确实也读过不少优秀的作品:它们让我感动,我深感在某些困难时刻,正是他们对时代和人的精神问题做出了值得重视的反应。退一步说,即使是某些看似与历史重大问题无关的诗,也要区分不同情况。有的日常生活书写,也可能体现着维护个体心性独立,保护人的精神丰富性,抵抗政治教条的侵入和肢解的寄托。历史经验告诉我们,有的时候,离开政治,离开"重大问题",也是一种"政治",也可能足够"重大"。犹如谢冕近二十年来写的随笔:那里有咖啡和茶,有扬州的包子和北方的馅饼,有闽都岁时的风俗,有温州的月光……这是慰藉我们的"人间的春花秋月",是来自"心中的花朝月夕"(引自谢冕文章)。

20世纪90年代末,以赛亚·伯林出版于1953年的《刺猬与狐狸》在学界颇为流行。他引申希腊诗人阿奇洛克思残篇中的"狐狸多知,而刺猬有一大知"的话,来为作家、学者及普通人思维上的差异分类。狐狸追逐多个目标,其思维是零散、离心式的;而刺猬目标单一、固执,坚守一个单向、普遍的原则,以此规范一切言行。伯林认为,柏拉图、但丁、尼采、黑格尔属于刺猬类型,而亚里士多德、莎士比亚、歌德则像狐狸。或许,更大的可能是,人的性格、思维方式大多并存这两种成分,只是它们的占量、结构和分配方式不同。伯林在文章中用很大篇幅分析托尔斯泰的矛盾,说"托尔斯泰天性是狐狸,却自信是刺猬;他的天赋与成就是一回事,他的信念,连带他对自身的成就的诠释,又是一回事"。我读谢冕的书、文章,和他交往,深感到他对细节、经验、可证之物的热爱和敏感,对具体事物特别的韵味、色彩、脉搏律动的精细把握,他的充满生命活力的灵活性,他的"有趣",和将"有趣"传染给周围的人的魅力。在这个时候,他相信只有具体的才是真实的……但有时他严肃起来，试图把握某个宏观的问题，庄严地表达某种信念，如试图为中国百年新诗的价值和未来做出单一判断和规划的时候，就仿佛成了刺猬，成了专执一念的、"一元化普遍信息"的信仰者。

其实，我们倒是一直记着他曾经发出的对"文学的绿色革命"的呼唤，对"线性发展的终结"和"统一的太阳已经破碎"的精彩宣告——这些理念，这种企盼，正是他勇敢地鼎力支持"朦胧诗"的出发点。

不过话说回来，近些年来洋洋自得、欠缺必要自省的一些诗歌写作者，也确实需要放缓步履，降低浮躁，静下心来认真听听谢先生的这些"盛世危言"。

孙玉石：未竟的新诗史

与谢冕的激情洋溢不同，孙玉石先生内秀、温润（玉石！）。他为他的散文随笔集取了这样一些名字：《渴望一片永远的绿地》《一身都是月》《露珠与野草》《寻觅美的小路》《带向绿色世界的歌》……1957年他读大二时发表在《红楼》上的组诗名字是《露珠集》，而《中国初期象征派诗歌研究》的初版封面，绿色背景上是一小片绿叶。绿色、露珠、月色、小路……是提示他美感取向的关键词。

孙玉石1960年本科毕业后师从王瑶先生读研究生。"文化大革命"期间在北大校报工作，没有去"五七"干校。后来我们又在不同的教研室，我和他来往并不多。不过退休之后，见面反倒频繁起来，这缘于有企业家资助，中文系成立了一个"空壳"（专业名词是"虚体"——没有人员和经费编制，没有办公地点）的中国新诗研究所：由谢冕领头，还有几个退休老头，加上风华正茂的吴晓东、姜涛、臧棣等，在一起做了不少事情。

学生时期参加写作《新诗发展概况》（1959）的几个人，后来的生活、研究都程度不同地与新诗批评、研究脱不开干系，但比较起来，只有谢冕和孙玉石矢志忠诚，不三心二意、见异思迁。对20世纪50年代参与试图取代"资产阶级权威"的批判和集体科研事件，在后来的反思中，孙玉石的自责最为严苛。他也明白当年发生的一切与时代氛围有关，但坚持不将做出错谬判断的责任推给时代："我们曾经很深地伤害过包括林庚先生在内的自己的一些老师，今天我们是有愧于林庚先生的。我觉得我们不应当在历史过失面前集体无记忆，集体失语。"而他也将"新时期"以后自己对《野草》，对过去被压抑、扭曲和遗忘的象征派及现代派诗歌的研究，看作是"借着走近历史对自己曾经的错误的一种忏悔和救赎"。

孙玉石新诗史研究上的重要贡献体现在两个方面。一是对20世纪具有"现代主义"倾向的诗歌流脉的研究，从鲁迅的《野草》，到李金发、戴望舒、卞之琳，再到40年代的穆旦、郑敏们。这项工作他持续了二三十年，包括资料的发掘、整理，诗人的思想艺术特征的揭示，这一诗歌流脉演化变革轨迹，对具体文本的很大覆盖面的解读。二是诗歌阅读作为问题的提出。诗歌阅读、"解诗学"的问题，虽说卞之琳、李健吾、朱自清等已于三四十年代提出，也有初步的发挥，但将它置于"批评学"和"阐释学"的位置上进行系统性的探索（当然，这一探索存在争议），应该说始于孙玉石。从1978年起，他就在北大开设鲁迅《野草》、初期象征派诗歌研究的课程。由于具有填补空白、打破禁区的开拓性意义，并且暗含对当时以"朦胧诗"为主体的诗歌革新的支援，受到学生热烈欢迎，在学界也有很大影响。相关讲课内容很快整理成《〈野草〉研究》（1982）、《中国初期象征派诗歌研究》（1983）出版。自此之后的二三十年，孙玉石的工作在这两个基点上展开：不断挖掘、开拓，并朝着体系化的目标推进。其成果结集为《中国现代诗歌艺术》《中国现代主义诗潮史论》《现实的与哲学的——鲁迅〈野草〉重释》《中国现代解诗学的理论与实践》等论著。

诗歌阅读上的导读、解读这些概念的出现，一定程度上和现代主义诗歌产生的"难懂""晦涩"的阅读问题相联系。孙玉石的"现代解诗学"的主张，既包含解读的理论设计，也有相当范围的实践示范。从80年代开始的二十多年里，他持续开设新诗导读课程，和学生一起讨论的作品涵盖新诗史三四十位诗人的几百首诗。在解读的过程中提出问题，如审美与感悟、与智性的关系，文本的制约框架和读者想象力的发挥，诗的意象、比喻、语词的"内部"分析与"外部"的时代社会、诗人传记的关系，诗的多义和歧义，等等。而这些也在他的论著中得到讨论。他的诗歌解读、分析是富于生命感和细致入微的：一方面是重视诗里面表达的生命感受，另一方面是阅读者在解读时的生命感受的投入。这和那些偏于技术、知识性的解读不大一样，而形成了独特的风格。当然，解读的理论和实践也留给我们需要继续思考、探索的问题。其中之一是，像我们这一代的新诗研究者在文化视野、知识、方法上准备不足，我们的主要由浪漫派诗歌培植的艺术感受力，在面对更多样的诗歌文本时的困窘——对这种困窘、无力感可能会意识到，但也可能没有清醒的自觉。

孙玉石新诗史"重写"的工作，吸取了50年代的教训，在观念、理论调整的同时，警惕着重蹈以先行理论肢解、铺排现象的失误。他坚持尽可能靠近、进入"历史现场"，期望重现事情发生的细节、氛围、情境。这种严谨的、重视史料的工作作风和学术态度，与严家炎先生是相通的。举一例来说，2010年，北大中国新诗研究所组织编选了共计十卷的《中国新诗总系》，也就是百年的大型新诗选集。各位先生各编选一卷，孙玉石承担的是1927—1937年的第二卷。他在编后记中记叙了选集编选的经过。为了纠正一些新诗选本以至学术研究存在的粗疏的积习和流弊，他为自己设定的工作目标是：以诗集初版本、文艺杂志和报纸副刊原刊本作为依据，将"原始文本"与后来进入选集、文集发生的变化，与作者的修改（有的修改不止一次）比勘校对，来确定选入的文本。他重视未被注意的作者或佳作的发现。为了这个选本，他用了一年多

孙玉石(左)、严家炎(右)为林庚先生(中)祝寿

的时间翻阅了这个时期出版的和后来出版涉及这个时期作品的诗集四百三十余部，文学杂志和报纸副刊二百余种。

读着这些文字，真的很感动也很感慨。我也参与了这个"大系"的编选，承担的是60年代卷，认真的程度、花的力气、时间完全无法和孙先生相比。正如他自己说的，这项工作（推广来说也指他的其他学术工作）"耗费"了他的"无数生命精力"。

但孙玉石有更大的抱负。他私下多次讲到最大的愿望是独自编写一部新诗史，他说他以往做的许多事，包括为新诗的"现代主义"建立谱系，都是为这部诗史做准备。我们也一直期待着他实现这个目标——但它也确实还没有出现。所以，有时候我会有很矛盾的想法：他在资料整理、文本解读、选集编选上表现出来的臻于至善、"竭泽而渔"的态度，是否全都必要？这些是否都值得倾注全部的精力和生命？

钱理群：热情与怀疑

虽然和乐黛云、谢冕等老师都是20世纪30年代生人，但钱理群比他们小七八岁，这个差别不是无关紧要的。记得六七十年代时会填无数的履历表，都有"何时参加革命工作"一项。对于钱理群和我来说，"革命"这个词主要是"想象"的性质。的确，青少年时期向往新世界的热情并非虚构，但"革命"总归欠缺某种"实体性"的内涵。因而，不大可能如乐、谢先生那样说出诸如参加革命"青春无悔"的肺腑之言。或者说，钱理群的"无悔"青春，可能存在于另外的时间，譬如存在于70年代在贵州安顺的那些岁月；"无悔"的是遭遇精神危机时求索的悲苦和热情。这里透露了各自与革命、与当代史的某些有差别的联系方式。

大家都拿"著作等身"来讲一个人的著述之丰，对钱理群来说，这倒不是比喻。自他和朋友合著《中国现代文学三十年》（1987）以及独著《心灵的探寻》（1988）开始，至2020年1月20日，他出版的著作达九十部，编纂六十五种；这还不算有的论著修订后的多次再版。之所以标出准确的截止日期，是时间对他来说很重要，况且他还有多个写作计划（多部的三部曲）在进行中，说不定哪一天又有新作问世。面对如此旺盛的创造力，朋友闲谈时一方面感叹他那硕大的脑袋里究竟贮存了多少东西，另一方面也在对比中惭愧于我们的太不努力。

钱理群最初是现代文学研究者——其实他在北大和人民大学就读的是新闻专业——却超越了"文学"的范围。他不想刻意划出艺术与生活、文学批评与社会批评的界线。文学批评、文学史于他自然十分重要，但他会介入其他领域，从事社会批评，也重视写作之外的社会活动。他不是书斋里的学者，面对公众演讲，课堂教学，接待朋友、学生，和年轻人交谈……对他来说都不是可有可无的，都是他生命不可或缺的部分。在听讲者面前，他目光闪亮，神采飞扬，完全不能想象已是耄耋之人。在他自己和他人的文章中，常见到长时间谈话、讨论问题的记载。这样的情景，我们借助文学阅读有可能复现：如《罗亭》《贵族之家》《日瓦戈医生》中从傍晚到凌晨，或激烈或温情的辩论和对话；如19世纪40年代的别林斯基，争辩中"意气风发，目光精闪，瞳孔放大，绕室剧谈，声高语疾而意切"……这是一种发端于19世纪俄国而延伸至今的"生活方式"。当然，钱先生不是瘦骨嶙峋、脸色苍白、羞涩局促的别林斯基，他健壮、憨厚。面对可鄙可憎之物，正义感让他也会如"扑向他的牺牲品,将他片片撕碎,使他狼狈可笑"的豹子(赫尔岑形容别林斯基)——在这个时候,他表现了在原则上不容折扣的正义凛然。其他大多数时间,他善良,和蔼可亲。他的学问、表达的思想可能复杂深刻,而作为一个人则没有多少心机,有时甚至天真如孩童般。他的全部生活由思考、写作、精神性对话构成,他几乎没有什么其他爱好,生活自理能力也不大及格。我有时跟他开玩笑,说我会做饭、购物、听音乐、在电视上看足球篮球,食欲好的时候也喜欢美食。可是这些都不在他的爱好范围内。一起吃饭,问他今天饭菜味道怎样,他会一脸茫然:"我们吃了什么啊?"所以,他的妻子崔可忻说他整天云里雾里。2019年,他出版了摄影集,书名是《钱理群的另一面》,似乎是为了改变他这样的形象。不过,"另一面"仍是"这一面"的延伸,我们无法产生另外的想象。

钱理群著述涉及的领域很多。现代文学研究无疑是主要的。80年代他牵头撰写的《中国现代文学三十年》,至今仍有难以取代的生命力。沿着这条线索,进入21世纪之后他把关注点延伸到"当代",并从文学史扩展到当代史,特别是对当代知识分子精神史的探索——这里有他作为亲历者的"拒绝遗忘"的责任担当。另一主题是对中小学语文教育的讨论。这十几二十年来,地方文化史也进入他的视野,成为其研究的重要部分。这些领域表面看来有些凌乱,实际上是基于启蒙责任的,有内在关联的整体设计。钱理群说他是"左翼鲁迅",我更愿意把他称作"坚守的启蒙者",尽管现在"左翼"比"启蒙"名声要响亮。在他的生活中,存在某些原点性质的因素,这让他在时局、风云莫测变幻中虽有困惑、调整,但步履分寸不乱。这些"原点"是:一个人(鲁迅)、一座城(贵州安顺)、一个不断出发和返回的"自我"。之所以把"自我"放在

"原点"的位置上，是在他看来，无论何种观念、目标，都不能游离于个人的情感、生命的体认。这也就是鲁迅的那种将问题聚焦于作者主体性进行思考的方法。一切不经由主体的情感心性的观念和命题，无论多么崇高、漂亮，都有虚飘不实的成分。有了这样的根基，也就可能拥有沟通观念和实践、历史和现实的条件。自然，说到对当代史的反思，正如赵园先生说的，我们都面临一个是否有反思的能力和如何为反思寻找资源的问题。钱理群这些年的工作，都是在回应这样的挑战。

鲁迅无疑是钱理群最重要的研究对象，也是文学、社会批评最重要的思想资源。他以鲁迅为对象的论著有十八部，编纂的鲁迅文选十五部，对鲁迅的著述编纂贯穿 80 年代以来的各个时期。不仅是专业性研究，他还不遗余力地做着普及的工作——向一般读者，特别是向青少年普及。他借着不间断的阐释，让鲁迅成为民族的精神财富，争取不同年龄、阶层的人"与鲁迅相遇"（他的一本书的名字）。他理解的鲁迅是博大的，是可以不断提取各种宝贵资源的矿藏，不过我觉得，他可能更亲近那个"掊物质而张灵明"的鲁迅。在思维和写作方法上，钱理群偏于"扩散型"：就某一论题依据情势变化和思考深入不断地延展和重述。在研究上，21 世纪以来，为了处理更宏大的社会思想问题，文学的方法和历史的方法在他那里交错：他重视文学现象的"现场返回"，对当代史的观察又不回避情感与个人经验的加入。他的方法可能让历史学者觉得不够"历史"，而让文学研究者觉得偏离"文学"。但这是他为自己寻找到的叙述方式。

前些年，因为钱理群和我的小书在同一家出版社出版，出版社便策划我们做了一次对话。主持人高远东教授说我们一个是"积极

"文化大革命"后期，钱理群（后排左三）与贵州安顺"民间思想村落"的朋友

浪漫主义"，一个是"消极浪漫主义"。将浪漫主义区分为积极和消极，应该是高尔基的首创。高远东在这里当然是借用，但他说的没错。"文化大革命"期间，钱理群在贵州安顺与他的朋友、学生读书讨论，寻求自身和民族的出路；我在那个时候也读书，主要却是对政治、运动的逃避。在研究领域和生活态度上，钱理群勇于开拓，迈向未明之境；我却是收缩的，固守自认为能比较稳当把握的范围，以求得身心上的舒适、安全。

20世纪90年代初，钱先生写了一本谈堂吉诃德和哈姆雷特形象东移的书（《丰富的痛苦——堂吉诃德与哈姆雷特的东移》）。这不是他最成熟的书，却很重要。对诞生于17世纪西方的文学典型接受传播史的兴趣，相信不是纯学术的，是与八九十年代中国特殊的历史脉络和精神背景有关的——在那个时候，知识分子的精神困境问题再次凸显。这本书的贡献是，在顽强地维护理想的前提下引入必需的怀疑精神。在这本书的第七章,他着重讨论屠格涅夫1860年发表的题为《哈姆雷特与堂吉诃德》的著名演讲。屠格涅夫盛赞堂吉诃德伟大勇敢的品格,而对"利己主义""怀疑主义"的哈姆雷特有严格的批评性分析。但他也指出这两种"对立天性"其实不可或缺:"堂吉诃德们在寻找,哈姆雷特们在探讨。"并深刻指出哈姆雷特怀疑主义价值的真谛:"既不相信真理在目前可以实现,所以毫不调和地与虚伪为敌,因而就成为那个他所不能完全相信的真理的一个主要捍卫者。"

也许是在承接屠格涅夫的这一论述,钱永祥先生在他的一本书(《纵欲与虚无之上:现代情境里的政治伦理》)里有这样的话:在现代社会,"人的尊严,正是靠热情与怀疑的适当配合而支撑起来的","在这个脉络里,庸俗无聊的心态特别需要提防。庸俗者没有怀疑,所以无所担当;无聊者缺乏热情,所以不求担当。庸俗者以为意义与价值的问题业已解决,生命不过是随着主流逐波弄潮;无聊者则根本不识意义与价值的追求包含着徒劳的悲剧成分,以为生命本身原是轻松幸福的尽兴一场"。

钱理群与屠格涅夫可能有某些相似的地方。他也会从"一个比较遥远的视点"来"观看生命的悲剧";会"在各据点之间游动,在社会与个人要求之间、爱情与日常生活要求之间、英雄的美德与现实主义的怀疑精神之间、哈姆雷特的道德与堂吉诃德先生的道德之间……摆动",但他不会持一种"中间立场",不会"悬在一种适性随和而不作决断"的状态里。他认识到,犹如屠格涅夫所说,在那些负有创造性事业的人的行为中,在他们的性格中必然掺和着某些可笑的成分,但"无论如何,没有这些可笑的怪物兼发明家,人类就不会有进步——而哈姆雷特们也就没有什么可以思索的"。

理想、热情、无论什么时候都应在这"两极天性"中占据主导的位置,而怀疑和否定,正是为了捍卫他也许并不完全相信的真理——这就是"积极浪漫主义"。

2016年,北大中文系部分师友聚会(坐者右起:钱理群、孙玉石、王信、严家炎、陈建祖、谢冕、陈素琰、张菊玲、卢晓蓉;立者右起:陈晓明、李今、高远东、方锡德、解志熙、李晓桦)

合力托举我的老师们

袁 明

袁明 北京大学国际关系学院教授，北京大学燕京学堂名誉院长。1962—1968年就读于北京大学西方语言文学系英语专业；1979年进入北京大学法律系国际法专业学习（研究方向为国际关系史），1982年获法学硕士学位。主讲的"近代国际关系史"被教育部评为国家精品课程。主编《中美关系史上沉重的一页》《跨世纪的挑战：中国国际关系学科的发展》《国际关系史》《美国文化与社会十五讲》等著作。近四十年来，在北京大学发起并组织了一系列具有影响力的国际学术会议。

北大整体环境的构成，有方方面面，其中的中心活动，是教学。这一点与世界其他名校没有区别。同时历史也告诉我们，在中国高等教育现代化的道路上，北大一直在前位探索，这是一件很不容易的事。我 1962 年入学，1968 年本科毕业离校，1979 年重回北大读研究生，后来留校任教，经历和见证了北大在前位探索的一些重要阶段。关于北大"师承"，我有一些自身的体会。

一是老师们对学生的"合力托举"，而不只是单独的哪一位。因为这些优秀的老师本身都是做学问的，他们的基本素养和学术鉴赏力都标志着一种精神的高度。大家在精神上有默契，教学上能互相配合。更重要的是，每位老师都是一本生命的厚书，他们的"合力托举"，还在于要尽力把学生们从具体学识中带出来，给予精神深度的滋养。1962 年 9 月，西语系的迎新会大师云集，那时我们第一次看到系主任冯至*先生、副系主任李赋宁**先生、吴达元***先生、严宝瑜****先生等，他们的亲切笑容一下就化解了我们这些新生内心的紧张。冯至先生没怎么说话，但是只要他端坐在那里，我们就知道，自己真的是和一位德国文学研究大家同时也是杜甫研究的专家、一位传奇人物在一起了，从今以后必须用功读书，学习"身边的传奇"。主持迎新会的李赋宁先生在迎新会结束时慢声细语地宣布："让新生们先走，让新生们先走。"那种语气，那般表情，那般微笑，谦谦君子，实为榜样。几十年后想起这些场景，这个群体展现的是真正的人格魅力。60 年代的北大外语系——俄语系在俄文楼；西语系和东语系离得最近，分别在民主楼和外文楼，学生不

---

* 冯至(1905—1993)，1946—1964 年执教于北京大学西语系，是中国比较文学研究的开拓者之一。

** 李赋宁(1917—2004)，1952 年起任教于北京大学，是我国西方语言文学教育体系的建立者之一。

*** 吴达元(1905—1976)，1952 年起在北京大学西语系任教，毕生从事法国语言文学的教学与研究。

**** 严宝瑜(1923—2020)，1952 年起任教于北京大学西语系。长期致力于德国语言文学的教学研究和学科建设；参与筹备和建设北大艺术学科。

多，学生和老师互相熟悉的很多。季羡林先生是东语系主任，在路上遇见，他也会很关心地问问我们西语系的情况。记得有一次在外文楼前，他和我说："今天看到北大校报上你们班的韩敏中写的书评了，文字比中文系学生还要好。这语言啊，都是通着的，首先要有思想能力，然后再是语言表达能力。"当时他穿着一身旧中山服，笑呵呵地表扬我的一位同班同学。说来也五六十年了，但至今让我记忆犹新。

说来也很有意思，我在读本科的时候，最喜欢的一门课是中文系袁行霈*先生开的必修课"中国文学史"。当时他留校不久，风华正茂，为我们东西俄（语）三个系的二百多名学生讲课，教室不够，一样的内容一周要重复上两次。袁先生讲课抑扬顿挫，板书特别漂亮，可惜现在已经很难找到当年袁先生亲手刻印的教材了。那是一本本拿到手上还散发着油墨气味的"唐诗选读""宋诗选读"。总有上百首吧，是袁先生亲自挑选并刻印的，所以我们很早就见识过他的美妙书法。前不久我去问他：手头还有这样的教材吗？他叹

* 袁行霈（1936— ），1957年毕业于北京大学中文系后留校任教至今，长期从事中国古典文学的教学与研究。

与袁行霈先生合影

息说哪里还有啊,不过也回忆说:"每次都是自己刻钢板,推滚子,油印一次,两手都是黑的,要洗半天,但是推得很高兴!我给你们上课的时候是27岁,真是非常愉快的回忆。"记得有一次冬天大雪刚过,周围白皑皑一片,我在未名湖边背诵袁先生精选的唐宋名句,其中有陆游的《金错刀行》,精神一下被提到一个从来没有体验过的美好境界,神游天地又回归于心,仿佛诗句都化成了活跃灵动的精灵,藏在脑海深处,需要的时候会自动变成一种精神养分。所以那时求学读书,尤其跟从良师,留给自己的东西,我觉得是无穷无尽,足以受益一生的。

1967年春天,在未名湖畔

最让我终身铭记的,是在远离北大很困难的日子里,仍然能感受到被这个群体的精神所托举。我们在60年代本科学制是五年,但实际上专业学习只有三年。1970—1979年,我在黄土高原上度过,脑海中时时浮现的,便是在未名湖畔晨读英语、背诵诗词的画面。当时在西北县城几乎看不到一点有深度的英文资料,我给李赋宁先生、张祥保*先生、王岷源先生写信,他们就把当时工农兵学员读的教材不断给我寄来。因为是印刷品,每次邮寄要两周多,我后来才知道,是先生们自己一次次骑自行车到黄庄邮政局寄出的。这种教材的纸质比我们上本科的时候用的还要差,是用打字机打出的黄糙纸油印本。其中有一本是 *The Lost Cities*,讲19世纪欧洲列强向世界扩张后的世界考古奇观。为了锻炼自己的翻译能力,我居然在没有专门工具书的情况下翻译了这本教材,大概也有8万多字,手稿的读者只有一位,就是现在已成为考古学者的我的弟弟袁

* 张祥保(1917—2020),1946年起在北京大学西语系从事英语教学工作,参与、主持编写了《英语》《大学基础英语》《大学英语》等多部英语专业教材。

靖。千里之外，受到这样的托举，比在顺境中更令人感动，更值得珍惜。当时有一位很爱护我的同事劝我："认命吧，不要把自己搞得这么累。"我说，天生我材必有用。李白的诗句就这样突然活了起来。

北大老师力度最大的集体托举是在1978年。彼时研究生考试刚刚恢复，法律系王铁崖[*]先生想招有外语背景的国际法与国际关系史研究生，昔日西语系的老师们就推荐了我。我当然心动不已，但因西北县城复习条件艰苦，心里又实在没底。陶洁老师让我用英语写点东西，她帮我看看。我就写了一篇文章。很快她就给我回信说："你的作文我同张祥保先生都看过了，我们都很满意，两人的意见也一样，认为你的文字流利、自然，合乎英语习惯，错误很少，这大概同你反复看许国璋的英语教科书有关系。基本功比较好，基础比较牢固，从写作来说能做到这样，行文流畅、清楚、自然就不错了。张先生在有小错处做了些记号，供你参考。我的看法是：不知你词汇量如何？从写作来看，你的词汇量能够表达你的意思；但从阅读来说，如果只有这些，似嫌不够。看了你的作文，我更感到你学法律有点可惜了，应该是搞文学的。希望国际法不是像我想的那样枯燥无味。"陶洁老师是我大二时的英语精读课老师，她上课一丝不苟，学问做得非常好。二十多年后我邀请她参加北大美国研究中心团去美国访问，她应邀讲美国的黑人文学，曾让一些顶级美国学者钦佩不已。

真正回到北大，到法律系跟王铁崖先生读研究生，我更明白了北大的集体托举力度。我对王先生说，学国际法对我来说还是枯燥了一点，王先生说没有关系，他还有国际关系史研究。1957年以前，他在法律系和历史学系都兼着教授。他在1979年的一封信中这样写道："中国的科学是落后的，社会科学也是如此，而国际关

[*] 王铁崖（1913—2003），先后就读于复旦大学、清华大学、伦敦政治经济学院，1946年起任教于北京大学。1987年当选为国际法研究院院士。1997年在纽约联合国总部，当选为前南斯拉夫问题国际刑事法庭大法官。

系史这门学科更是一片空白。我们必须赶上去，填补空白，为社会主义事业服务。中国人有聪明才智，又吃苦耐劳，是很有希望的。青年人更有发愤图强的精神，希望也主要寄托在你们身上。我已年老，国际关系史这门学科已经中断了二十年，现在我想用部分时间把它拿起来，主要是想用我的余年帮助一些有为的青年，为国际关系史这门学科打基础，使它在我们国家里生根结果。"我回北大读研究生时也已34岁，真的不年轻了，但是王先生的重托和整个大时代的驱遣，使我顿生一种拼命的精神。王先生在历史学系有很多比他年轻的朋友，他就把我重点"托"给罗荣渠和张广达两位老

1973年，王铁崖、陶洁两位老师写给作者的信

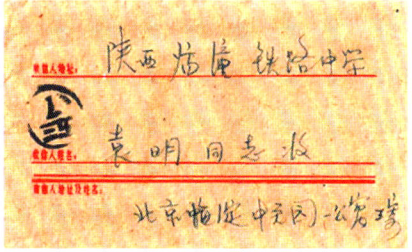

师，由他们来给我开小灶和布置作业。他们都告诉我，王先生开出的书单，都是经典英文原著，要下功夫一本本细读，而他们只是"助教"。但他们真是像正式上一门课一样，"一对一"、手把手地教我。罗老师主要讲他对时代主题的认识和大历史观，功底扎实而眼界宏大。他当时已考虑到美国因素，所以对我之后从事中美关系研究，他绝对是启蒙者之一。相比而言，张老师更重基础，让我以兰格主编的《世界历史百科全书》为基础列出各国大事年表，以形成清晰的脉络。在张老师的鞭策下，我整天泡在图书馆里，从中国明清现代到英法德美意墨日，一点一点梳理。我也经常在周末骑车到张广达先生家里，请他给我批改"大事年表"作业，天气好时他就在自己那旧平房的院子里给我批改。张先生会指着院子里的篱笆说："学历史做大事年表，就像架篱笆，先得把架子搭起来，上面的花草没有架子待不住。"我非常想念张先生，想要告诉他，我现在还在做这项作业，而要想在篱笆上有更多花草，还需年轻人的接力。

当时王铁崖先生还请了吴其玉先生开"中国对外关系史"课，李元明先生开"近代国际关系史"，在英语系上课的安·赫伯特（Ann Herbert）则给我们上口语课。吴先生早年留学普林斯顿大学，做过燕京大学法学院院长。他用英语给我们上课，有一次讲中国政治思想传统，脱口而出杜甫的诗句："杀人亦有限，列国自有疆。苟能制侵陵，岂在多杀伤。"用英语说一遍，再用中文说一遍，眼神从我们身上移到四院窗外远方，我觉得内心又有一扇窗户被打开了。李元明先生在中央党校任教，擅长拿破仑研究。他早年留学莫斯科，是国际关系学院为数不多的中国社会科学留学生。有一次看了我的作业后，他连连摇头说："社会科学的文章不是这么写的。"一句话，醍醐灌顶，我至今不忘。

1987年，在哈佛大学费正清先生家中

1981年，国际政治系主任赵宝煦先生找到王先生，要"借"我给即将来北大讲学的美国东亚问题研究专家斯卡拉皮诺（Robert A. Scalapino，汉名施乐伯）教授当助教，主要是做翻译，我跟着他一共做了20场讲座。王先生征求我的意见，他很鼓励我去做。这一次锻炼非同一般。三个月间，除了翻译，我还陪同教授夫妇走了大半个中国。教授本人经历过第二次世界大战的太平洋战场，战后回到哈佛大学完成博士学位，是当代美国中国研究奠基人费正清教授的学生。我后来多次去美国，曾三次到哈佛大学费正清先生家中请教，也悟出光读他的书还不够，还需要知道他思想精神深处的一些东西，有些是不会变成文字写进书里的。合力托举我们的老师太多，时间所限，我不能将他们一一讲全。

我的第二点体会是，在被北大优秀教师群体托举的过程中，我逐步养成的是一种文化能力和修养，更具体一点说是跨文化的意识和能力，这可能和我原来学外国语言文学，后来学国际关系史有关。但是我想，在现代社会，做学问要有跨文化的能力，这既是世界潮流，也应该是中国文化的能力。我 60 年代上学时，校园里只有两百多名留学生，来自十几个国家，外教也很少。"国际化环境"与今天真不能同日而语。但是从精神层面看，我们不尽然闭塞。我的老师们，尤其是老一辈——大多是五四那一代的知识分子，他们的国学底子好，又有西学的经历与修养，有形无形传递给我们的，是他们融会贯通中学西学、思考消化后得到的人生大识见。我现在也七十多岁了，有了自己的人生阅历，再来忆想自己的老师们，对他们的精神底色，有了年轻时没有的体悟：中学西学虽都为"学"，但如打通叠加，其丰满与多彩，可以创造出新的智慧亮色，而新的亮色会打动新的人。大三时，俞大綱*先生给我们上精读课。有一次讲狄更斯的《双城记》，讲到忘情，到中午 12：30 还在继续讲。记得俞先生很喜欢用"noble"这个词，她要赞扬一个人，会说："He is a noble man."俞先生是一位了不起的人文学者。前几年我借"双城记"这个词作为自己一篇文章的标题，写当代国际政治，就是深感狄更斯关于最好的时代和最坏的时代的洞察，深感俞先生把它编入由她主编的教科书中的良苦用心。当时，老师们虽有留学与未留学之分，但他们对中学西学都有一种通透的感悟，现在看来实在了不起。

在现代社会做学问，拥有跨文化的能力，确实是一种潮流，但是对于跨文化研究的具体实践来说，这个能力恐怕只是个基础。比如张广达先生自述对他来说六门外语实在太少，且只是太过基础的东西。所以我们想在未来有这般底气，还是要锻炼这般能力，毕竟一切还是要通过能力来表达。

我刚才讲到美国的东亚问题专家斯卡拉皮诺教授。为了写作当

---

* 俞大綱（1905—1966），先后就读于沪江大学、英国牛津大学、法国巴黎大学、美国哈佛大学，曾任教于重庆大学、国立中央大学、中山大学、燕京大学，1952 年起任北京大学西语系教授。从事英国语言文学教学近三十年，潜心编写英语教材，培养青年教师。

1993年，在北大勺园与季羡林先生、斯卡拉皮诺夫妇合影

代中国和革命历史，1985年的夏天，他在我的陪同下，到南京的第二档案馆待了整整两个星期。那时没有空调，查档案时，他就在40摄氏度的高温下阅览。他的工作一直持续到前些年他去世。他去世前半年我去旧金山看望他，问及书稿，得知尚未完成。我还记得他的原话就是："很遗憾。非常遗憾写不出来了，但是写不出来，以后的人写。我不能生产废纸。"

这也就说到了我的第三点体会：学者在从学任教以外，更重要的是"品"。"品"，就是品格，人品。北大老师，以"学"为本，以"学"奉己，以"学"乐群，以"学"育人。这个"学"，是与"品"有很大关联的。中国学人自有一种品格，除了我们现在习惯说的学术、学科之外，我认为还有"礼""仁"等需要用汉字表达出来的中国意境。虽然所在学科不同，但是有许多老师相互鼓励与支持的故事。记得我考回北大读研究生以后，有一次在未名湖边遇到季羡林先生。他说王铁崖先生不但学问好，还是一位重义之人。季先生回忆说在60年代末，他一度非常消沉，有一次路遇王先生，王先生对他讲："坚持下去。"我问王先生，他说早忘了，他对许多人说过这句话。真正的学识与才情，在一个好环境里，会激发人们对优秀者的由衷欣赏；在困顿无奈时，也是一种知己慰藉。季先生说的这个"义"字，还真的很难翻译成英文，这是中外文化的不同。可见他们是真正的朋友，虽然平时各自忙碌，但关键时刻能互相给以精神上的安慰和支持、关怀和认同，实在非常了不起。

还有一个场景我总也不能忘怀。1981年，学校要我陪王竹溪先生去参加一个在北师大举行的会议。王先生是著名的物理学家，曾赴英国剑桥大学学习，后来在西南联大任教，担任过清华大学物理系主任，1962年曾被任命为北大副校长。那次我们是乘坐331路公共汽车去的，北大东门这边是起点站，上车时人群熙攘，人们都在争着登车，个子不高又瘦弱的70岁的王先生就一直保持着谦让之势，直到别人上完，方才上车，我当然紧跟着他。上车后哪里还有座位！我们就只能抓着像吊环一样的把手，在那种前后车厢中间用黑色胶皮连接起来的大公共汽车上站着颠簸一路。就这样，王先生也不忘教师天职。不知怎么说起了留学和剑桥，我用英文发了"剑桥"这个词的音，但是把词首的"cam"发音成"坎"。王先生不干了，他非常认真地纠正我说"Cambridge"，特别强调这个词的元音发音。汽车颠簸一路，我跟着王先生学了一路英语。每次我要说这个单词，就会想到王先生，这代学人，中学、西学都不只是学问，更是为人之学。这个珍藏于心的故事，一直没有机会说，我现在也只能从一个极小的侧面，讲一位大学者的气象。中文里有一词是"谦谦君子"，表达了中国学者的通达谦和，这是只能"修"来的人品。2007年，楼宇烈先生出版了《中国的品格》一书，当时就送了我一本；书名高屋建瓴，我非常敬佩，以为是文化本位的重要提醒。

生命不息，周而复始。我从60年代初入校，从求学从师到后来做老师，至今已六十多年了。而我其实一直在想：何为中国师道？通过对重要历史节点的梳理和亲历，我逐步体悟到，北大的诞生，与同期出现的其他几所中国现代大学一样，都与中华民族命运相关，因此也难逃家国情怀的历史宿命。这一点与欧美的大学有很大的精神分野。但既然是现代大学，就必然要有科学精神、自由思想，要追求探索现代中国理性。一方面是面向世界的时代气息，一方面是厚重内敛的中国人文精神，两者在各个历史节点上激荡交汇，所产生的精神张力之大，是传统中国士人难以想象的，也是西方知识分子难以理解的。北大在前位探索，是探索一种人类文明史上的大历史定位。

这个定位对于全人类来说，都是极为重要的，更不用说当代中国。我在北大这几十年，对蔡元培校长始终敬仰神往。我的母亲是浙江绍兴人，我的太外祖父和蔡元培先生当年是朋友，这在《蔡元培全集》里都有记载。当年他们就是一根扁担、一头书卷、一头铺盖地走出乡街，从浙东平原北上上海。于家而言，他们是讨生活；于国而言，他们是走向世界。这般志向实在非凡，尤其是蔡先生。蔡先生的铜像矗立在北大校园草木幽深处，我现在仍常去像前静立。蔡先生表情刚毅，目视远方。在蔡先生像前，心就能静下来，思路也会清晰起来。大时代尚未结束，中国还要往前走。中国文化能历经千年的积累，我觉得我们的老师一辈已经尽了他们的责任。我有幸跟随我的老师们有了一点经历，经历时代，体会人生，是幸运，更是责任。而我们还要带着历史与时代继续向前，而最大的希望还在年轻的各位。

师承

韩敏中

韩敏中 北京大学外国语学院英语系教授。1981年硕士毕业于北京大学。长期从事英美文学教学工作,研究兴趣为英国维多利亚时期的文学和英美女性作家。主编《北大英语精读》,翻译《文化与无政府状态:政治与社会批评》《她们自己的文学——英国女小说家:从勃朗特到莱辛》等著作。

思想的蜕变——读本科、读研究生的经历

高中毕业以后,我的大多数同学都上了复旦、交大等上海的学校。我为什么选择上北大呢?完全是英语之外的原因。我初中时参加了话剧队,后来我话剧队的两个好朋友先后考进了北大,她们回来以后给我讲了一些传奇般的故事,故事情节就像小说一样,让我对北京产生了一种憧憬。而且当时我特别想离开家,因为家教太严。

刚来北大的时候,我特别后悔,哭鼻子了半年,很想家。我是1963年入学的,因为英文基础比较好,经过入学后的口语、笔语测试之后,我得到通知,和另外六个同时入校的同学一起,直接跟着1962级(大二)上英语专业课(公共课则仍上一年级的)。第一年还蛮认真读书的,到了第二年(1964),也就是我学大三专业课的时候,专业学习已变成 secondary(第二位)的事了。

当时教大三精读课的是俞大絪先生,她出身很有名望的家族,曾留学牛津、哈佛。她使用的教材正是她本人主编的《许国璋英语》第五、六册(记得课文有狄更斯《双城记》选段,还有恩格斯在马克思墓前的讲话)。但俞先生的课——原先的正宗精读——被安排为 Reading B。那么 Reading A 做什么呢?是读《北京周报》,就是中共和苏修论战的系列评论文章以及另外一些政治路线建议的长论,都是从中文翻译成英文的文件和政论文。

学生时代留影(左起:陈凤丽、袁明、韩敏中、顾丽萍)

临时决定作为主课程的 Reading A 不可能即刻编写出很多配套练习。尽管传统精读地位明显下降，俞先生上课却特别认真。俞先生买了一批练习本，一裁两半，发给每个学生做测验本。每次来上课，她都会说："Let's have a quiz." 然后就开始测验，结果弄得大家都很怕 Reading B。（1981 年我留校任教后也照搬十多年前俞先生这一做法，开始上课时就让大家拿出我"送的"半拉练习本，准备测验。我认真出题，认真批改，认真打分——猜想学生们心里一如我当年那般"苦涩"。）

俞先生讲解很生动，记得有一次课文中出现了"strangle"这个词，她问大家是什么意思，没人回答，她就叫了一个同学起来，那个同学也没说出来，先生就直接动作示范，上前做出掐她脖子的样子。相信此后我们人人都会记得这个单词。

应该上大四专业课的那年，我们全体下乡参加"四清运动"一整年。著名的聂元梓大字报事件后，1966 年 6 月 3 日，几辆大卡车把我们从乡下拉回来，校园已经完全不是平静的燕园了（1963 年入学的我，按部就班的话，1966—1968 年应该上大四、大五）。如此一直到 1968 年，就在这本来应该毕业的年份的夏秋之际，我还因被揭发私下里有对江青不满的言论而被西语系的"文革派"软禁了 40 天，并因此失去参加分配的资格，跟着一批没有分配工作的同学到了唐山小泊 4585 部队的军垦农场劳动锻炼。

我们在唐山的农场待了两年三个月，生活基本上就是插秧种稻收割。在务农之外，就是"斗私批修""灵魂检查""揭发交待"等政治运动的延续。我记得那个地方的大米超好吃，食堂煮香喷喷的红豆饭时我能扒拉两三大碗下肚。

后来连队要翻盖宿舍，没有砖瓦，我们都是自己脱土坯，就是拿黏泥土和着碎草皮、草根等东西加水充分搅拌，放入模具，压紧拍实，晒干，如此做成一块块很厚的像大号砖的长方形坯。我身上还背着"罪名"，一张处理意见是塞在档案袋里头的，所以我特别努力地劳动——都不知道自己还有这么大力气。那种土坯，我最多一次背了八块在背上，八块摞起来特别厚，特别沉。

可以说，从1963年进大学，到1971年初分配工作，将近七年半的时间里，我的专业学习时间至多一年半，其余时间全部在参加政治运动和劳动改造。我真的很羡慕现在的学生——当然，磨难同样是人生的重要课程。

1971年，部队农场宣布我被分配到浙江省——为此我一辈子感谢连长和指导员。在杭州我被分配到浙东南山区的一个县，报到后县里把我分到县下属的一个小乡镇，那里是群山间的一大片平原。我在一个古镇附近的县三中教了七年多英语。

当时，大多数情况下没什么学生想学英语的。我宿舍旁边就是教室，我经常刚起身，抹一下眼睛就跑到教室去管早自习，但并没有多少学生在认真读书。开始时觉得学生差，后来明白了，不想学的孩子，我就是把答案全部抄在黑板上，他都抄不对。再后来却是我受到了教育：大形势一变，情况就大不一样了。在邓小平同志短暂主持工作的1975—1976年，上大学不能只凭推荐，而需要考试了。突然间齐刷刷地，大多数学生都非常自觉地来参加早自习，英语学习情况大有改观。我回北大后的四十多年中，山乡已发生巨变，近些年那里已经成为电视剧的拍摄地和旅游地点——除了20世纪七八十年代开始的改革开放政策，想必和"绿水青山""金山银山"概念的推广有关系。

我的小孩八个月大的时候，我带他进山，回到学校教书。车在盘山公路上疾驰,把乘客甩得东倒西歪。我就想不能给孩子报户口,山里太闭塞了,必须得出去。那时想想可以,但实际是没有任何办法的。"四人帮"倒台后,一听说有考研究生的可能,我没有任何犹豫就报了名。我一边教书,一边复习备考。事实证明,想离开山区也只有考学一条路。1978年,在诸暨的一个初一新教材备课会议上,我被指派在全体会议上朗读26个英文字母,引起了一些关注。有杭州的学校表示想调我去,然而打听下来,山区的政策是:除非我们不要你,否则你不可能自行办调动离开。

我有个妹妹只上到初一就下乡劳动了。1977年恢复高考,妹妹来信说她想考英语专业,我让她找一个课本,做点作业给我看看。作业寄来了,和我当时所有的学生相比,她的英文程度好太多了。我让她赶快做作业寄给我改,于是我就用通信的方式,对她略加指导。

我记得很清楚,那年将放寒假时下起了大雪。雪天车行驶在窄窄的盘山道上,翻车事故不少。我怕要封山,从正在开会的地方迅速起身,当机立断抓了几件衣物,换乘各种车,中途厚脸皮蹭不大熟的人的床休息一会儿,如此等等,折腾了三四天才到上海。大概没两天,从安徽参加完高考回来的妹妹正在帮着母亲做过年吃的甜点,电话铃响起,大家说:是不是来通知了?

她报了三个志愿,依次为安徽大学、安徽师范学院、安庆师专。我们只巴望她能考上安庆师专,结果她竟考上了安徽大学,她自己都不敢相信。接电话的时候,她正好在搓糯米团子,要把馅料放进湿的糯米粉皮中去,再搓圆。她拿一个调羹(勺子)去挖做好的芝麻馅料,听到录取消息一激动,一拗,调羹就断了,猛一下就把断勺把插在左手的虎口上了。这道疤痕到现在还留着——很幸福的疤,让我们记住了改变了多少人命运的1978年!

　　我上大学一年级时有点比较模糊的、不好的情绪,就这样混着过去了。第二年开学不久,我记得复旦大学的徐燕谋先生编写了前面提到的《许国璋英语》的第七、八册——我考研的时候是用他的教材来复习的,当时看来还是比较难的东西,但先生讲话风趣,知识面特别广,突然让我有了不一样的想法。我觉得总有这样一个"moment",自己会感到特别羞愧:我在这儿干什么天天想家,天天乱耗时间?有那么多时间,本可以去读书、了解很多知识的,就这样给自己白白浪费掉了。人总会有一些情绪很低落的时候,但也总会有好起来的时候。有时靠一种外力,一个偶然的因素,会产生一种像觉悟那样的感觉,所以那一个月我读了一些比较薄的书,类似简易读物、有英文注释的那种本子,印象里一个月内好像读了有九本。

　　到了读研究生的时候,觉得读书的时间是多么宝贵——因为之前在山区待了七年多,有这么个机会回来读书,还是挺珍惜的。一开始是从比较古的、很陌生的东西读起,学习的压力很大,也不容自己不用功。所以说,当时自己是有自觉性的,渴望把错失了那么多的时间适当地补上一点。同时,学习本身也比较有趣——人长大了、经历的多了以后,文学作品里讲的各种挫折和磨难,自己也能从中体会到很多东西,所以我觉得研究生阶段的学习反而是收获比较大的。

　　因为读的内容不一样了,都是从古到今的一些非常有名的著作,并且形成了某种传统,所以它需要你用脑子去对付的程度,肯定要比你去背一个单词的难度大得多,同时也更有乐趣。在荒废了那么多年以后,自己也知道自己有所欠缺,所以我读研究生时还是非常用功的。大学用功是为了考个好分数，不要太丢脸；但是读研究生的时候，即使真的面对不喜欢读的古代的那些东西，也必须读，读了以后才体会到自己应该读，这些是有必要知道的。

读书也有乐趣。我们刚上学的时候很懵，读那些"杀龙"的故事——我怎么也想不明白为什么要去杀龙。当然，这个龙，我后来也体会到它是一种象征，类似一切不可战胜的自然力或者困难。其实人的每一步前行也是充满艰难险阻的。古代会特别崇尚英雄人物，他的力气比别人大，见识也比别人广。虽然是神话，人们也都愿意听，因为它其实是触动了你心底一种超越自己的渴望。我想大概动物不会有这样的思想冲动，只有人类会有这种思想冲动，正因为这个冲动，才成就了人类后来在这个地球上所做的很多事情。思想的力量是不可小觑的。再比如，从诗词格律上说，古英语读起来会有一种很沧桑、很铿锵的感觉，它的音韵和现代诗歌的音韵是不一样的。一开始我对诗歌是相对比较隔膜的，不是太能体会，但是后来逐渐体会到了它那种沧桑感、铿锵感。

记忆中的老先生们

杨周翰[*]先生看起来不苟言笑，好像是一个很严肃的人。他一进教室来，就说要读什么，接着就开始讲他自己能够理解的、觉得很亲切的但是离我们十万八千里远的东西。因为他们这代人年轻的时候已经读了很多书，所以他会认为我们就应该读很多书，没读过那就去读。因此，开始我们啥也不懂的时候，他特别有威慑力——连作业我都不知道从何做起。我至今还保留着一个被杨先生批改过的作业本。他写的评语很多，字也是"顶天立地"的。

[*] 杨周翰（1915—1989），先后求学于北京大学、西南联大、英国牛津大学，后任教于西南联大、清华大学。1952年起在北京大学西语系任教，长期致力于英国文学、比较文学、西方文学史领域的研究。

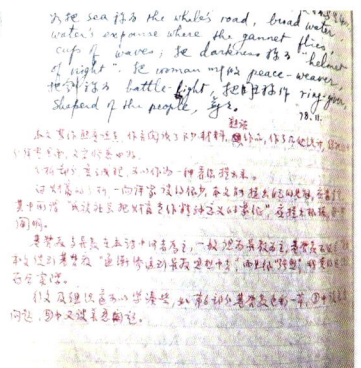

作者的英国文学史课作业本和杨周翰先生的批语

我们有几个人经常晚上去杨先生家里，也不跟杨先生客气，几个人进家去也不寒暄就一屁股坐下来。然后大家就在那里 name dropping，就是聊那些名人，比如文坛的那些有名的作家，过去的人，几十年前的甚至是古代的那些……听他们聊也会眼界大开，后来慢慢就跟杨周翰先生走得比较近了。

杨先生看起来好像是一个比较严厉的人，但是熟了以后你会觉得他特别 nice（友善、好），很慈祥，笑起来像一朵花一样。也就是说，跟他走得近了以后，那种畏惧感就没有了（但尊敬是依然的）。而且后来挺有意思的：杨先生不太可能直接来带我的论文，因为

在杨周翰先生家中
（右上为韩敏中）

我要做小说这块，杨先生对18世纪的小说还比较了解，但19世纪的他好像不是很感兴趣。我到杨先生家里跟他谈话，我先以我不想做狄更斯开头，大概说了一点理由，他的夫人王还先生全都听懂了，但是杨先生却开始跟我绕："你说你要做狄更斯？"还没等我回答，王还先生就说："人家说不要做狄更斯！"然后我就再往下说，杨先生说："好，你想做狄更斯。"王先生又岔出来："人家说了不要做狄更斯！"这场谈话我记得特别清楚，挺有意思的。

我做的是乔治·艾略特研究，她是一位非常优秀的知识女性，我非常喜欢她的作品。后来我也不知道谁是导师，我觉得李赋宁先生、杨先生都是，因为他们都给我看了论文，而且改了一些东西。

李赋宁先生是特别好、特别有善心的一个人。他对谁都很好，总是笑眯眯的。他让我们（一般直接）叫他名字，但他称呼我们一直都是某某同志，比方说韩敏中同志——从中就可以看到那个时代的痕迹，但这也说明了，他真是个谦谦君子。

有一个别的系的学生带了同学过来，请李先生给那个根本不认识的学生写一封推荐他去耶鲁的信。我们在旁边听着都觉得匪夷所思，怎么能给一个不认识的人随便写推荐信的？李先生也说："我都不认识他，不能写。"他态度是非常客气的，但是非常坚定地拒绝了这件事情。那个学生还一直纠缠不休，但李先生始终没同意写。他也没有摆出很凶的态度——李先生凶不来的，永远是特别和气、特别客气的一个人。

在精读、泛读的教学过程中，我跟周珊凤*先生和张祥保先生的交流非常多，她们的教学非常严格。我记得刚留校的时候，比方说教平行班，一个人大概要教两个班，这样可能就有两三个老师，她们就会带着这些老师备课。然后我们每个人都要学着写教案、挑练习——当时课本还没有完全成形，还在翻油印教材，所以要挑出一些先生们认为可以来练的习题，这也是一种锻炼——逼着我们去挑，看能把它们编成什么样的练习，编完练习以后就自己先挑错，然后互相纠错，再编写一遍。我觉得她们带年轻教师很有一套，很严格，不苟言笑。把关特别严，眼睛特别尖，犄角旮旯的小错都能挑出来。能受到北大当时这种耳提面命式的教学训练，我觉得自己很幸运。我后来自己编了一本《北大英语精读》，凭借的正是周先生、张先生她们带着备课时的经验。

电视教学的经验对我的帮助实在太大了。因为在电视上说，我也不敢脱稿，这个时间卡得很紧，每一分每一秒其实都在花钱，不容我"打磕巴"，所以我每一个字都是要写下来的。我的讲稿开始是拿手写的，张先生一份、周先生一份，一定要给她们两个人都看过。她们看之后就会动手改在旁边，然后我再把她们改的东西加进去。我觉得我做得最过分的一次是，赶稿子赶到夜里11点，然

和李赋宁先生（中）、申丹（左）在世界公园合影

* 周珊凤（1916—2006），1935年留学美国布林茅尔女子学院，回国后先后在东吴大学、东吴附中、贵阳清华中学教授英语。后在北京大学西语系长期从事英语教学工作，主编英语专业基础教材《大学英语》。

电视教学手写讲义

后就直接去敲她们家的门。（虽然是）年纪这么大的老先生，她们也二话不说就给我看了，而且还给我改了很多，之后我再把这些改动勾进我的稿子里去，按照那个读。

我心里从不会把张先生、周先生看成我的同事。如果没有情感投入，就可以很客观地说我们是同事关系，但在我心里，我会永远觉得她们是我的老师。

我去张先生家时，听说过一件让人很感慨的事：先生退休以后，老伴儿也走了，她的孩子就把她接到美国去。但每次张先生回来，只有看到这些破破的桌子、破破的椅子、破破的柜子，才会觉得心定下来了。其实她们到了这个年纪，对于物质也没有任何的渴望了——从没见过她穿什么好衣服，她们在物质上的渴望是很低的。而在做学问上却一丝不苟，在教学上一丝不苟，她们用她们的一丝不苟影响了我们。

我老听见学生说怕我，我说我又不是老虎。他们说不由自主地怕我，大概就是因为我改作业特别认真，每个错都要挑出来。我觉得老师的本分就是把错挑出来，让学生意识到这种表达方式是需要改进的。我的老师是怎么教我的，我就怎么教学生。

回忆与杨周翰先生的最后一面

杨周翰先生生病以后，他讲过一句话，大意是说再给他三五年时间，他就能够把他要做的事情大体上都做了；但实际上我觉得他要做的事情还很多。到了学术非常成熟的时候，他有很强的表达欲，再加上他的文字也很好——他们这些人都是有古文功底的，所以中文表达也很好。这个时候生病是非常残酷的一件事情。

我觉得他晚年最大的牵挂就是要把他想写的东西写出来。突然病倒以后，他倒也没有表现得特别垂头丧气，只是一心想要跟时间赛跑。他说他只要三五年时间，但是没想到那次去西安治疗就是永别。当时我和盛宁扶他下楼的时候，觉得他一点分量都没有。杨先生一直很瘦，但也不至于一点分量都没有。那时候估计是身体有营养的成分都给消耗完了，所以他特别轻，真是皮包骨头的样子。我在楼下把他送上出租车，这以后就再也没有机会见到他了。当时没有想到从此就见不到，总觉得治疗后他还会回来，但是他就在那里去世了。后来，我和盛宁在中关村往南的这一带到处找花——那时

北大西语系部分教师合影（前排左起：杜秉正、李赋宁、赵诏熊；后排左起：张祥保、林筠因、周珊凤、杨周翰）

候要买一束鲜花特别难——我们想一定要给杨先生买一束花，放在他骨灰盒前面。最后我们一直跑到一个苗圃，才买到了鲜花。我不知道我们给他献花的照片在网上有没有公布，但就是有这么一张照片，这么一段回忆，我们在他的骨灰盒前面，算是表达了我们的一点感谢和怀念之心。老先生走了，总是一件无可奈何的事情。

承前启后，守正创新

或是在社会转型期重归校园，或是在思潮更迭时初入学林，"黄金一代"的学人在前辈师长的言传身教、合力托举中成长起来，而今已是鼓舞后学前行的力量。学问的传承、学术的进步，从来不是在一片空地上凭借个人的天纵之才搭建起来的。学脉的接续，或隐或显；学术的薪火，代代相传。

"没有新东西，就不用写"

段　晴

段晴　北京大学外国语学院教授。1986年博士毕业于德国汉堡大学。1987年起在北京大学任教，长期讲授梵语、巴利语、犍陀罗语、中古伊朗语等语言及相关文献课程，带领团队整理了多家博物馆收藏的西域文书；启动了我国的巴利三藏汉译事业；主持建立了北京大学梵文贝叶经与佛教文献研究所。著有《波你尼语法入门》《于阗·佛教·古卷》《中国国家图书馆藏西域文书·于阗语卷（一）》《青海藏医药文化博物馆藏佉卢文尺牍》《于阗语无垢净光大陀罗尼经》《神话与仪式：破解古代于阗氍毹上的文明密码》等。

让我讲自己与北大的缘分，讲我所体会的北大的传承，我其实非常犹豫，因为我自己的故事没什么代表性，我纯粹是因为幸运而进入北大，并在北大度过了大部分时光。现在，我深感生命是有限的，希望完成的事情与真正能够完成的事情似乎不能匹配。自身也面临诸多问题，例如如何协调生活与学术研究等。

但是，另一方面，我毕竟在北大接受了最典型的经院教育，受到了系统的训练，尤其非常幸运的是，带领我进入学术研究领域的都是世界上最优秀的学者。所以，我应该讲述他们的故事，讲述他们的伟大，讲述我所领会的"传承"。

细细想来，在北大所受到的教育，似乎沿着两股脉络而注入，打造了我立世的观念，成就了我的学术。我与在座的老师不同，没有诸位老师的底气。我进入北大时，正是"文化大革命"中后期。纯粹在幸运之光的照耀下，我进入了北京大学西语系德语专业，即现在外院德语系的前身。正好利用这个机会，我要向德语系的老师表示诚挚的感谢。能够进入德语专业学习德语，真是我一生中最大的幸事，这让我在年轻的时候，就可以读到歌德的 *Faust*（《浮士德》），席勒的一系列 Ballade（叙事诗），托马斯·曼的 *Buddenbrocks*（《布登勃洛克一家》），安娜·西格斯的 *Das siebte Kreuz*（《第七个十字架》）。大家可能会以为，进入德语专业，这些是必读的，没啥可炫耀的。但其实在那个年代，能够读到这些书，非常不容易。现在想来，在那个荒诞的年代里，我们的老师可真够为难的。一方面是学生的基础特差，另一方面也不允许老师传授知识，关于德国哲学、德国文学，一律不允许教。除此之外，教师辛苦自编教材、上课，还要随时准备接受批判。刚说到的那些书，当时北大图书馆都有，但不允许借阅。学生借阅必须由老师负责签条。而老师为学生签条，要冒风险。在那样的情形下，我们的老师做了很多的努力，对于有求知欲的学生，他们甘冒风险。德语系范大灿*老师曾多次为我签条，并因此受到批判，理由是支持学生走"白专"道路。我特别感激倪诚恩**老师。大概很少有学生还记得倪老师，因为他身体一直不好，很早就去世了。倪老师并不是教我们班的，但当他知道有学生愿意学习时，便会伸出援手。倪老师常常自己用打字机敲打出德语文章，供学生阅读。印象特别深刻的是那篇《青年在选择职业时的考虑》，那是马克思17岁时写的作文，现在很著名，但在那个时代没有人知道。那篇文章，是倪老师一个字符一个字符敲打在稀薄的纸上的。记得当时坐在未名湖畔捧读这篇文章时，我心潮澎湃。特别是最后一句，17岁的马克思写道："如果我们选择了最能为人类而工作的职业……面对我们的骨灰，高尚的人们将洒下热泪。"

在那个没有书读的年代，幸好还可以读《资本论》。直接成效是，我后来去德国留学，学生宿舍有学习经济理论历史的外国学生，马克思主义经济学是他们的必修课。欧美学生理解不了，我帮他们做作业，还取得了高分。

虽然是那样的岁月，但在北大的学习仍然为我打下了终身的基础。我说的基础，不仅仅是针对专业基础而言，更是指习惯的养成，比如自学能力。尤其是培养了我对德语哲学类著作的喜爱，以至于后来，虽然所从事的专业与德国文学、德国哲学无关，但我还是喜欢读一些哲学类著作，包括文艺理论方面的著作。这些书对于

---

* 范大灿（1934—2022），1953年考入北大西语系德语专业，1957年毕业后留校任教，长期讲授多门德语和德国文学课程，在德国文学史撰写、魏玛古典文学研究、德国文艺美学思想研究方面有开拓性的贡献。

** 倪诚恩（1934—1999），1961年毕业于北大西语系，后留校任教，翻译了多部德国文学作品。

我，对于我如何生活，如何立世，都产生了根本性的影响。比如，我喜欢埃里克·弗洛姆（Erich Fromm），认真读过他的三本书。其中之一是 *Haben oder Sein*（《占有还是生存》），我认为在物欲横流的当下，尤其应推荐学生读这本书；还有 *Die Kunst des Liebens*（《爱的艺术》），从理论高度教会你如何爱自己的亲人；等等。

说到哲学，人们往往以为是个大词、大概念。实际上，人生活于世，总要有所依赖，所依赖的只能是你自己的处世哲学，所谓世界观。佛教创始人释迦牟尼涅槃前的几句话非常形象，他嘱咐弟子说：当以己为洲，以己为依处，不以他人为依处。当以法为洲，以法为依处，不以他为依处而住。

人活在世上，必然面临诸多选择，哲学就在生活中。与哲学系中哲老师开玩笑辩论时，他们说，段晴你不懂哲学；我总是反驳说，别跟学德语的说哲学，我读过的哲学作品说出来能吓您一跳。读哲学著作，选择自己的世界观，可以帮助驾驭生活。

说到传承，其实即使没有学业上的师生关系，行走在北大也能受到大师的熏染。法语专业的前辈郭麟阁*先生，那时经常在未名湖边旁若无人地边走边背诵法语文学作品。那时大家议论，要学好外语，必须学习郭麟阁先生的精神。我至今还有朗诵外语的习惯。

那时在北大学习，不仅仅是收获学识的增长。大学，更是全面发展的时期。我在学习期间，参加了北大游泳队、田径队，虽然没为北大挣多少分，但使我自己终身受益。

这是一条脉络。另一条则是学术的传承。

1978年，北大恢复招收研究生。严宝瑜老师给我写了三封信，鼓励我报考北大德语专业研究生。面试时季羡林先生在场，从此有了投入季先生门下的缘分。

---

* 郭麟阁（1904—1984），1935年获法国里昂大学文学博士学位。曾任教于中法大学、辅仁大学、北平师范学院，新中国成立后长期执教于北京大学西语系法语专业。

关于季羡林先生，各种人写，车载斗量，尤其在季先生去世后。季先生其实是个十分透明的人，他的所有心理活动、认知都有文字表述。如果要了解季先生，直接读他自己的文字就好。虽然热闹，但真正知道季先生专业是做什么的，在这世上的人恐怕不多。季先生首先是在佛教梵语的研究领域做出了早期的贡献，在吐火罗语的破译领域做出了贡献。因为季先生的存在，北大梵巴专业从成立起，就已经站在国际学术的前沿领域。这是因为，新疆出土的佛教梵语材料，在印度学领域大厦之旁，又开辟出了印度学的新天地。在新疆这些材料被发现之前，印度学在欧洲已经发展了一百多年，目前人类对语言学的认知，对印欧语系的探索，都与印度学的建立有直接的渊源关系。19世纪之前，人们不知道什么是印欧语系，而19世纪50年代，关于印欧语系的表述已经进入英国的小学课本。新疆地区出土的梵语以及其他胡语材料，令学界发现了印度俗语的存在，特别是佛教梵语。季先生在德国留学时的导师，恩斯特·瓦尔德施密特（Ernst Waldschmidt）教授就是佛教梵语领域以及中亚佛教研究领域的开拓者。第二次世界大战期间，季先生跟随西克（Sieg）学习了吐火罗语。这门语言，属于剑走偏锋类，是印欧语系的另一支，目前在欧洲仍然是研究的学科之一。

北大老一辈学者非常有学术眼光。"文化大革命"之后，百废待举，1978年北大恢复招收研究生。季先生做了很多事情，其中两件事情令我印象最深刻：一是让读《大唐西域记》。季先生后来亲自主持出版了《大唐西域记校注》。再就是关注新疆出土的文献，关注西藏梵文贝叶经。在培养人才方面，季先生有战略家的布局。1980年，季先生时隔三十多年重返德国访问，把我也带上，亲自为我争取到了去德国留学的奖学金，我才有了去汉堡学习古代于阗语的机会。后

1980年，段晴（右一）陪季羡林先生（右二）访问德国

来，他又利用自己在欧洲学界的知名度，为其他同学安排了赴德国留学的机会。

什么是传承？我一生有幸在几位大师的门下读书，他们言传身教于我的，是开拓、发展、创新。

以季羡林先生为例。季先生教学生，最著名的类比，是学习游泳，把学生推下游泳池，有能力的，自然就会游了。所以在季先生门下，我原来在德语学习期间养成的自学习惯，越发得到发展。自学的习惯，为我在德国留学，顺利取得博士学位，奠定了良好的基础。做学术，季先生强调最多的，就是要有创新。他说：写文章，没有新的东西，不用写。学术文章，不能有废话。他总是讲自己写博士论文的例子，本来洋洋洒洒，写了文采飞扬的前言，被瓦尔德施密特教授前一个括弧，后一个括弧，全部删除。这些话，像紧箍咒，一直存在我的脑海中。至今开电脑打算撰写学术论文时，季先生的话就会浮现出来：没有新的东西，不要强写，别写废话。这些是做学术的基本原则。做大师的学生，如果你在他面前重复他人的论点，会被认为没有培养前途。

我在汉堡的导师是罗纳德·埃梅里克（Ronald Emmerick）教授，英国剑桥大学三一学院 first class，世界上最聪明的人之一。如果没有在北大打下的自学基础，我恐怕不能适应他的教学方式。

像我导师那样的天才，他们不能理解正常人的学习速度。比如学习语言，他亲自教的有奥塞梯语、于阗语、阿维斯塔文献，还有摩尼教波斯语、基督教粟特语等。比如奥塞梯语，用的是西里尔字母。上课之前，我的同学阿尔穆斯·德格纳（Almuth Degener）帮我复印了一本语法书，并给了我些阅读材料。第一堂课就是读一篇故事，我只读了一句话。于阗语课，一上来就让读原材料。遇到尚未破译的语句，他们停下来开始运用各种语言发展的规律，试图解决问题。常常是一个学期课下来，至少可以诞生两篇论文吧。季先生和埃梅里克教授都是非常直爽的人，他们知道时间的宝贵，所以有什么就说什么，没时间绕圈子。尤其是埃梅里克教授，非常骄傲，如果发现有人思维跟不上，会认为你不可造就，对你不屑一顾。如果没有新的发现，解决不了问题，怎么能算作学术？真正让埃梅里克承认我是他的学生，是在我解决了他不能解决的问题之后。他立刻邀请并帮助我撰写了一篇短文，发表在他的词汇研究系列当中。当然，这仅仅是开始。后来，直到我真正解决了于阗语的一系列问题，纠正了他及前辈学者的一系列错误，并有了新的发现，才理解了什么叫作站在巨人的肩膀之上，向上攀登。学术就是这样传承的。

不论是否愿意，我也已经进入老年的行列。我羡慕年轻人，他们可以走遍全世界去求学。读书、学习，是人生最大的享乐。而我已经感受到生命的有限。我已经不能仅仅是继承，还要传递。记得2006年6月，为了中国国家图书馆收藏新疆出土的残破文书的事情，我最后一次见到了季先生。从季先生的话语中，我感受到了充分的信任，以及肩上的责任。他说："段晴，有你在，星星之火，可以燎原。"我在北大工作，是季先生的弟子，这就意味着传承责任的重大。在这里还要特别感谢王邦维教授——我多年的同事。一直是王老师掌舵,把握住方向,才没有让梵巴专业偏离学术的轨道。

我们专业是个小专业,全国目前只有北大设立了梵巴专业。但是,我们的专业领域实际非常宽泛。我们有明确的传承意识,并依据学科发展的过去和未来,制订教学计划,比如我们坚持多语种教学。选择梵巴专业的学生必须学习梵语、巴利语,以研究佛教为方向的还要学习藏语。为此,我们特别引进了梵藏皆通的人才萨尔吉博士,弥补了北大藏语教学、藏文佛典研究的空白。除此之外,我们开拓性地开设了中亚古代语言,如佉卢文/犍陀罗语、于阗语,以及其他古代伊朗语。坚持多语种教学是必需的。人类社会已经发展到了大数据的时代,对人类文明的认知已经开启大历史的时代,如果还是只掌握一种语言,已经不能帮助解决深入的问题,不能了解中国以外的世界,不能把握更多的发展机遇。举例说明,新疆洛浦博物馆的古代氍毹上,出现三个婆罗米字符,这是我破解的。这

段晴主持"犍陀罗的微笑——巴基斯坦古迹文物巡礼"布展工作

是希腊词 *hades* 与于阗语化的梵语词组合的复合词，指希腊神话的冥间。借此，我们发现了更多人类迁徙的秘密。如果没有多种文明、多种语言的训练背景，这是无法破解的。

基础教学方面，坚持多语言。除此之外，专业的教师各有研究的侧重点。以下简单介绍我专业的重点关注领域，来说明"传承"：

一是新疆出土的胡语文献、西藏的梵文贝叶经。这是季先生生前叮嘱要持续关注的领域。在新疆出土胡语文献方面，我们目前承担了国家社科基金重大课题"新疆丝路南道所遗存非汉语文书释读与研究"。通过这个课题，首次在北大开设了佉卢文世俗文书释

"传承"讲述活动现场，段晴（右）与袁明（左）深情拥抱

读,以及于阗语的课程。季先生当年叮嘱让掌握和开设的新疆古代语言,除了吐火罗语,基本上都可以开设,教师带领学生进行研读。在西藏贝叶经研究方面,已经有两部博士论文以此为基础材料。叶少勇的博士论文在国际上受到了高度评价。

二是巴利语译经项目。虽然是南传佛教的文献,即流传于斯里兰卡、缅甸、泰国的佛教,但其实包含了十分丰富的历史传承内容,首先是原始佛教思想,更与印度西北部、中亚地区的历史语言文化有千丝万缕的联系。

三是传统印度学。比如高鸿老师重点关注的印度哲学、印度古典语言学等。这是我们有待加强的方向。

纵览走过的传承之路,我特别希望强调两点:第一,季先生说,没有新东西,不用写。埃梅里克认为,没有新的发现,就不是学术。这些都是最基本的,应是北大人的基本素质。第二,中国人向外走一步,都是不容易的。必须坚持多语种教学。新的学术人才,应是掌握多种语言的人才。

校魂与学缘

张 鸣

张鸣 北京大学中文系教授。1984年硕士毕业于北京大学，后留校任教。主要从事中国古代文学史的教学与研究，目前主要关注思想文化视域中的宋诗发展演变、词曲与音乐歌舞文化的关系、古代文人生活方式与文学的关系等，出版著作《宋诗菁华——宋诗分体选读》《宋诗选》《辛弃疾》等。

> 我是"文化大革命"后恢复高考的第一届大学生——北大中文系文学专业1977级。讲我们和北大的学缘,我特别想把教过我们的老师都列出来,以示感恩。
>
> 教过我们的老师大致上可以归为两辈。
>
> 一辈是我们当时称为"先生"的,新中国成立前就在老北大、老清华、老燕大任教或学习的老师,有吴组缃先生、林庚先生、周祖谟先生、阴法鲁先生、王瑶先生、季镇淮先生、冯锺芸先生、彭兰先生、吴小如先生、吕德申先生、陈贻焮[*]先生等。这些先生都给我们上过课,而且给1977级讲课是大多数先生在北大讲坛上最后的出演。
>
> 另一辈是20世纪50年代在北大学习,后来留校任教的老师,比如我的导师赵齐平老师,还有乐黛云老师、褚斌杰老师、袁行霈老师、周强老师、吕乃岩老师、陆颖华老师、金开诚老师、屈育德老师、倪其心老师、裘锡圭老师、陈铁民老师、沈天佑老师、费振刚老师、周先慎老师、何九盈老师、胡经之老师、张少康老师、李思孝老师、闵开德老师、刘烜老师、马振芳老师、陈曦钟老师、严家炎老师、张钟老师、孙玉石老师、谢冕老师、佘树森老师、洪子诚老师等。后面这一辈的老师大多数也是前面列举的那一辈先生的学生。所以我说1977级比较特殊,我们实际上是受教于

* 陈贻焮(1924—2000),1953年毕业于北京大学中文系后留校任教,长期从事魏晋南北朝隋唐五代文学史的研究和教学工作。

吴组缃先生

两辈老师。

文学专业 1977 级特殊的地方还有一点,我们和教过我们课的老师的关系都非常好。学生学得专注投入,老师也感觉学问受到尊重,讲课非常用心。除了在课堂上,好多老师都会到 32 楼学生宿舍和我们聊天——有时是聊学问、聊课程作业的问题,更多时候天南海北,什么都聊。像陈贻焮先生、冯锺芸先生、袁行霈老师、吕乃岩老师、张少康老师、周先慎老师、沈天佑老师等,都来过 32 楼。

平时可能不觉得,现在仔细一回想,竟然有这么多中文系的老师教过我们,我都觉得吃惊。以上这些老师,哪一位不是学界响当当的人物?所以我觉得,我们这一代人被"文化大革命"耽误了十年最好的光阴,但终于在恢复高考的第一年考进北大,得到了这么多最优秀的老师的教诲,真的是非常幸运。后来我也当了老师,就决心要尽我所能回报北大,把两辈老师教给我们的东西传递给后来

蔡元培先生像

的学生。我把自己定位为"桥梁"。"桥"的功能就是连接隔绝在两边的空间场所；引申到时间的维度，就是承前启后，尤其是在特殊的时代背景下。总之就是做北大精神的传递者。

为了说清楚我理解的北大学缘的内涵，我想讲几件事。

第一件事大约发生在90年代中期。有一次在五院中文系办公室遇见陈贻焮先生，那时他已经生病，我担心他走路不便，便提议送他回家。快走到未名湖边西南侧蔡元培塑像时，他在正对塑像的那个小路口停下，叫我也过去，说要给蔡校长鞠躬。于是我们爷俩就在那路口对着老校长的塑像恭恭敬敬鞠了三个躬。鞠完躬，陈先生转身非常认真地对我说："张鸣，你要记住，没有蔡元培就没有我们北大！"说完，两行眼泪就流了下来。陈先生是性情中人，我多次见到他因什么事情而感动落泪，但这次还是让我深受震动。蔡校长的塑像是我们1977、1978级学生毕业时为表示对北大的感激之情捐款建的，但我平时路过那里并没有什么特别的感觉，对蔡校长的崇敬之情并不具体。自从和陈先生的这件事之后，我感觉完全不同了，真正理解了很多师长说过的"蔡元培是北京大学永远的校长"这句话的含义，对"思想自由，兼容并包"这句话也有了不一样的理解。以后每次路过那儿，我仿佛都能感受到老校长的目光。每年校庆，只要我在学校，一定会去拜谒老校长的塑像。

第二件事发生在我念本科时。有一次我去图书馆借书，借清代学者王鸣盛的学术笔记《蛾术编》（蛾，蚁的

《蛾术编》

古字；蛾术，比喻勤学积累）。我把"蛾术"的"蛾"错读为"é"，图书馆文科阅览室的馆员李鼎霞老师告诉我这个字不念"é"，而是念蚂蚁的"yǐ"，并告诉我"蛾术"是什么意思。这虽然是件小事，但给我留下的印象却很深。北大图书馆不仅有丰富的藏书，关键是还有李鼎霞老师这样学问高深的管理员。当年同学们甚至相传，李鼎霞老师一看你借书的书单就能判断你学问做到哪一步了。我们许多同学在学业上都得到过李鼎霞老师的耐心帮助。所以，在北大学习，学问无处不在，并不是只在教室里。

第三件事与林庚先生有关。2006年10月4日，中秋节前两天，林庚先生去世。10月3日，农历八月十二的傍晚，林先生让护工小黄推他去未名湖边看月亮。在湖边，林先生静静地坐了一会儿，问小黄："月亮怎么还不圆呢？"小黄回答："再过几天，八月十五就圆了，6号我再推您来湖边看吧。"不过，林先生最终还是没有等到那年的八月十五。第二天，八月十三，晚上6点多，林先生坐在他书桌前的椅子上，安然离世。那天晚上，我和林先生家人把林先生遗体送到校医院。回家路上，从燕南园围墙外走过，月光如水，清澈透明，周围异常安静，我心里突然明白，林先生的一生，如这月光一样明亮纯净，林先生在这样月洒清辉的情境中仙逝，就是造物的安排。过去，无论外面多么喧嚣，世道多么混乱，只要一想到光风霁月一般的林先生就在燕南园里住

林庚先生

着，心里就会觉得充实而安宁；在学问上碰到什么问题，也不会心里没底，不会觉得无处请教。现在林先生走了，他光风霁月一般的人格，毕生追求的纯粹学术和诗意精神，会不会随着他的仙逝而逝去？他的少年精神和布衣情怀，还会不会得到后人的理解？当时体会到的空漠感，到今天还没有完全消失。

第四件，严格来说不是一件事，但姑且当一件事来看。我们讲北大学缘，还得谈谈学脉的继承和延续。自从我带研究生以来，每学期都和学生组织读书会，有一段时间是读朱自清先生的《宋五家诗钞》，一首一首地细读。开始学生可能不明白，读宋诗可以有更好的读本，为什么单单选中朱自清先生这一本。其实，这本书是朱自清在西南联大讲宋诗的讲义，当时只有三个学生听课：一是正式选课的王瑶先生，两个旁听的是季镇淮先生和冯锺芸先生。50年代初，王瑶先生和冯锺芸先生把这部讲义整理出来，加了《宋五家诗钞》的书名，但到1981年才正式出版。我1982年念研究生时，导师赵齐平教授指定此书为必读书；到我给研究生讲宋诗，也把它作为指定参考书之一。我在读书会选择它作为读本，其实也是希望学生能知道这个历史渊源。今天的宋诗研究已经大大进步，北大中文系还编了《全宋诗》，但无论取得多大的进步，都不能忘了前辈学者在西南联大时期那么艰苦的条件下仍然坚守学术的精神。

以上事情，我想说的是，北大的学缘，当然首在"学术"，但又并不只是狭义的"学术"那么一点事情。燕园涵养人，就精神层面而言，是全方位的。学术的传承本身当然很重要，但北大的精神，或者说北大的"魂"，其实体现在这个校园中的生活、学习、教学、科研等方方面面，甚至也体现在燕园的湖光塔影和草木虫鱼上。燕园的湖光塔影，一草一木，都是有故事的，或者都是一段燕园故事的见证。总之，北大是北大人共同的精神家园，而不是个人表演的舞台，更不是个人追名逐利的平台。既然是家园，我们就要珍惜。我们受益于精神家园的"涵养"，也要回报这个园子，以自己的努力，为这个园子的建设添砖加瓦，让我们的故事也能成为精神家园中的一部分。

两位老师对我的影响

吴志攀

吴志攀 北京大学法学院教授。1978 年起在北京大学法律系学习十年,后留校任教。曾担任北京大学法学院第一任院长、北京大学常务副校长等。研究方向为国际经济法、经济法学、金融法。出版著作《商业银行法论》《国际经济法》《金融法概论》等。

1977年恢复高考，我当时是天津拖拉机厂的一名工人。因为自己从小喜欢画画，美术学院又提前半年招生，所以我就报了美术学院，没有考上；后来正式高考我又报了天津大学的内燃机专业，但还是没考上。我受到了极大的打击，我父亲和我说：你不能画画，也不擅长理工科，搞搞文科恐怕行。所以，1978年我抱着试一试的心态报考了北京大学历史学系，分数差一点，被调剂到了法律系。现在的人可能会说我怎么这么会选——因为律师等职业的社会地位提高了，但当时法律系并不热门，我们学的都是"刑法""民法""诉讼法"等比较枯燥的东西，不像文学、艺术专业，都是学一些很浪漫的东西。我记得收到北大录取通知书的时候，我正在车间干活，当时车间主任说有我的信，我一看是录取通知书。下班赶紧回家拿给父母看，他们特别高兴，我终于考上了。

我在北大从本科一直读到博士毕业，有许多老师教过我，每位老师都有其特色和方法，对我都有非常大的教益。因此，我对我的老师永远心怀感激。这里我讲两位老师对我的影响。

第一位老师是我的硕士生和博士生导师芮沐*教授。我们都叫他芮先生。芮先生1908年生人，2011年去世，享年103岁。芮先生从海外归国后，曾在西南联大任教。我父亲刚好是西南联大的学生。我本科毕业到芮先生门下做研究生时，父亲对我说："芮先生可是我的老师啊！你在他面前就是一个小孩子，芮先生说什么，你听着就好了，因为你什么都不懂！"我当时都快30岁了，对父亲的话很不以为然。今天回想起父亲说过的这番话，我有了更深刻的理

* 芮沐（1908—2011），1935年获德国法兰克福大学博士学位，1947年被聘为北京大学法律系教授，研究领域为民法、经济法、国际经济法。

解。芮先生是经过清朝、民国和新中国三个历史时期的老先生，受过很多挫折，经历过的事情太多了，很多事情他都明白，只是没有说破。所以我觉得老师就是老师，千万不要自作聪明去挑战老师，这样一点好处都没有。不用说在今天，就是在当年又有多少人能像我一样，有幸听到经历过三个历史时期的老先生说的话呢？

芮先生德高望重，我做他的研究生时，除了对导师尊重外，自己还有点紧张的情绪。因为每次见芮先生时，他不多说话，总让我说，他问。芮先生带我时已74岁，比我现在的年龄还大好几岁，而我现在已经感觉自己力不从心了。我博士毕业时，芮先生已经80岁了，但他身体和精力非常好，又继续带了十届博士生。后来我有幸当了法律系的系主任，每次开全系大会的时候，他坐在第一排看我，我都特别紧张。我总对他说："先生，您别来了，我紧张呀。"

芮先生有两个方面对我产生了极大的影响：一是他要求收集资料必须查原文。芮先生早年在德国留学并获得博士学位，后来到美

左：芮沐先生在美国佛罗里达州住所旁的小花园里

右：芮沐先生在燕南园家中书房

国教书，他的英文、德文、法文都很好。20世纪50年代国内兴起学俄文，先生回国后，又学了俄文。他读原著没问题，但是我们读英文还得查字典，根本不行。那时候北大有一个要求，读硕士的时候必须修第二外语，我选了日语，但考试过了以后就不学了，想着抓紧学专业课。芮先生一看我们都没好好学外语，就不再说什么了。我们问什么问题的时候，他就把英文和中文一起写出来给我们，当时我们不以为然，觉得把专业学好就可以了。但是等到我60岁的时候，突然特别后悔：我当年怎么那么不听话，为什么不好好学外语？哪怕一天背十个单词，三十多年也能背不少单词了。所以尽管60岁了，但我想到这些，马上就报了日语一年级的班，听了三年的课。

  当年我不理解芮先生让我们好好学习外语的真正含义，但是也不好意思问。直到前几年，我才慢慢悟出来：每一门外语不仅是一种思想表达的工具，还是一种文化的载体。过去人们常说："多学一门语言，就相当于多打开一扇通向世界的窗户。"现在我对这句话的体会就很深刻。在一个没有窗户的房间里，人是难以健康生活的。只有一扇窗户的房间，也是不通风的。我们现在居住的单元房都不止有一扇窗户。再看写字楼的角房，那通常都是老板的房间。因为角房有两面窗，可以同时看到两边的景观，视野更开阔。

  作为芮先生的学生，我没有他掌握的语言多，所以我看不到芮先生能看到的世界，也就无法深刻理解他说话的含义。这就是我为什么在60岁又重新开始学日语。如果我能多活几年的话，我肯定要像先生那样多学几门外国语。这样即便我在国内，也可以通过互联网查询其他国家的母语网站，阅读更多的第一手资料，为同一问题寻找多种答案。

芮先生的一大贡献当然也对我产生了很大的影响，那就是他创立了一个新学科——国际经济法学。他很早就注意到了跨国公司的情况，他推荐给我们的学术参考书中，就有20世纪60年代出版的英文原版的研究跨国公司的专著和一本名叫《跨国法》的书。当时在国际私法中跨国公司不是主体，主体是有国籍的自然人和无国籍的自然人。在国际公法中，主体是国家和国际组织，都没有跨国公司这种情况。但是，跨国公司在20世纪70年代末已经进入我国开子公司了，什么法律能调整国家与跨国公司的关系呢？当时，我国经贸部称这种法律为"涉外法"。但是涉外法还是我国的法律。跨国公司关系到总部所在国和众多子公司所在国的诸多国家和地区的法律。国际机构和双边协定也已经有一些规则用来调整跨国投资、劳工、税收、外汇、补偿贸易、专利商标等方面的跨国法律关系，因此我国需要有新的部门法来研究这类法律，芮先生提出了建立国际经济法这门新学科。现在，国际贸易法、国际金融法、国际投资法、国际劳工法、国际税法、国际知识产权法等已经从国际经济法中发展起来，成为新的分支。今天，我国在国际上已经发展成为一个举足轻重的核心大国，在上述法律方面要研究和处理的问题越来越广泛，也越来越复杂。现在我们耳熟能详的法律，最早在理论上开始综合研究的倡导者，就是我的导师芮先生。

记得我上讲台的第一次试讲是没有学生的，都是老师坐在教室听。讲完一堂课，老师提建议然后修改，觉得可以了才能让你上讲台给学生讲，写好的讲义也要拿给教研室审。芮先生当时80多岁了，就坐在教室里听我试讲，这对我影响特别大。一个学者的认真，一个学者的远见，他对学术的负责，对国家的负责，对中国事业的负责，都是非常重要的。

第二位老师是经济系世界经济专业的陆卓明教授，他教"世界经济地理"课。我听过他两个学期的课，因为是旁听生，所以没有跟老师说过话。但是听课收获的教益，今天还影响着我。

陆卓明老师的父亲是燕京大学最后一任校长陆志韦先生。陆卓明老师从小在燕园长大，由于父亲的关系，他的外语很好，视野宽广。也因为他父亲，他在过去的历次政治运动中饱受冲击和压抑。他只能将聪明才智寄托于图书馆的书堆里，埋头阅读，不能写论文，更不能发表，能做的只有积累。

1980年以后，当陆老师重登讲台时，已经积累了几十年的知识和研究成果，终于有了发表的机会，于是他像火山一样爆发了。

我在80年代初从法律系到经济系去旁听了陆老师两个学期的课，教室被学生挤得满满当当，连窗台和讲台都坐着人。他只能站在讲台的桌子前，人多得都走不到黑板前。他背到教室的各种自制专业地图，都是递给黑板下的学生帮忙挂到黑板上的。

世界地理、世界经济、国际政治、国际文化、国际外交与军事等多领域的知识交融在一起，如同潮水一样，一浪接一浪地向我们涌来，当时我真正地体会到什么叫作"应接不暇"。

我只听说过古希腊的亚里士多德、文艺复兴时期的达·芬奇、近代的达尔文，以及中国战国时期的墨子、北宋的沈括、明代的宋应星等，但是我亲眼见过20世纪80年代博学多闻的陆卓明老师。虽然陆老师已经于1994年去世了，但是，他的知识所达到的广度与高度，以及他的独立见解，至今无人企及。

陆老师对我最大的影响是，任何学科都可以是有边界的，也可以是跨边界的，还可以是无边界的。如同微观世界和宇宙空间的边界只是由于我们探索工具的局限而已，当电子显微镜、射电望远镜和太空望远镜出现之后，我们能看到的微观更加微小，宇宙天体更加遥远。

陆老师在他那个年代的人当中，是外语方面的佼佼者。由于长期受压抑，他只能在图书馆的书堆里进行广泛阅读。这些在政治运动中的不利条件，都成为他得天独厚的知识探索与学术研究的优势。加上他自身博闻强识、情趣广泛的特点，使他横跨世界地理、经济、政治、文化和军事等多个领域，触类旁通。例如，在文化领域，他有丰富的关于西方音乐史的知识，音乐学院都请他去讲课；他以国际军事领域的研究见长，国防大学请他去做专题报告。三十多年前，他关于核国家的平衡理论，今天我们用来观察朝鲜和伊朗问题仍然有现实意义。

陆老师对教学倾注了很大的精力和热情，他的课影响了几个年级，数千学生。凡是听过他的课的学生，后来每当说起时，无不赞赏至极。陆老师走了以后，有学生写文章说"斯人已逝，遂成绝

陆卓明先生在指导研究生

响"。学科没有界限，陆先生很朴实，也没有出书写论文，但是他通过授课，把他的知识传授给一代又一代的学生。这些学生有的后来当了老师，比如我，我学习了他的讲课方法，尽量把知识融会起来再讲给学生。但是我天分太差，对于一些领域，只能想别的办法，找懂这方面知识的专家来讲。比如讲军事问题，就到军科院去请专家来讲。一门课可能会请十几二十个专家来分享，也算学他的一个方法吧。

我在这里讲的是两位老师的故事，我要再次感谢我的老师们。像芮先生、陆先生这样的老师，与一些企业家比起来并没有很多钱，也不像一些政治家那么有权，但是他们留给人类，留给年轻人的知识财富和精神遗产，是一点儿也不逊色的。他们就是我们这代人的精神支柱，我们就是在学他们是如何教书的。如果能把他们的方法传承下来，我认为我这一生在北大就没白过。

我的北大学缘 *

赵敦华

赵敦华 北京大学哲学系教授。1988年毕业于比利时鲁汶大学,获哲学博士学位。同年开始在北京大学哲学系任教。研究领域涉及西方哲学、基督教哲学、中西比较哲学等。出版著作《基督教哲学1500年》《西方哲学简史》《现代西方哲学新编》《回到思想的本源:中西哲学与马克思哲学的对话》《圣经历史哲学》等。

---

* 本文内容选自赵敦华:《我思故我道》,江苏人民出版社2020年版。略有修改。

北大学生以"北大人"为荣,而对什么是北大人则说法不一。有人说,只有本科、硕士和博士都是北大毕业的才是完全的北大人;有人说,只有本科是北大的才是真正的北大人。无论按照哪种说法,我这个"外来户"似乎都算不上是北大人。不过,想到孟子一句话,心里似乎踏实了一点。孟子说:"予未得为孔子徒也,予私淑诸人也。"我虽然不是北大诸位名家大师的授业弟子,但可以算是他们的"私淑弟子"。

我由私淑诸人而走上哲学道路。记得1965年上初三时,在中学图书馆借到中国青年出版社出版的《西方名著提要》,这套书包括自然科学部分和哲学、社会科学部分两本,《西方名著提要(哲学、社会科学部分)》从柏拉图的《苏格拉底的申辩》《理想共和国》《饮宴篇》和亚里士多德的《伦理学》《政治学》开始,直到尼采的《查拉杜斯特拉如是说》,几乎囊括了所有西方哲学经典。虽然是提要,但里面讲的书我是一本也看不懂,正如亚里士多德说"爱智慧源于诧异",这本书留下的大量疑团激发了我对哲学的无限兴趣,说它是我的哲学启蒙书,一点不为过。一年以后,"文化大革命"开始,没有书看了,家里仅存50年代由人民出版社出版的《马克思恩格斯文选》两卷集,仍可维持心灵的慰藉。这本书吸引我的,首先是关于西方哲学名著、作者和术语的注释,这使我得到了西方哲学史的零星知识。1973年后,情况稍有好转。从新华书店购得的四卷本《马克思恩格斯选集》、普列汉诺夫的《论一元论历史观之发展》和《欧洲哲学史简编》等书,我经常读到深夜。《欧

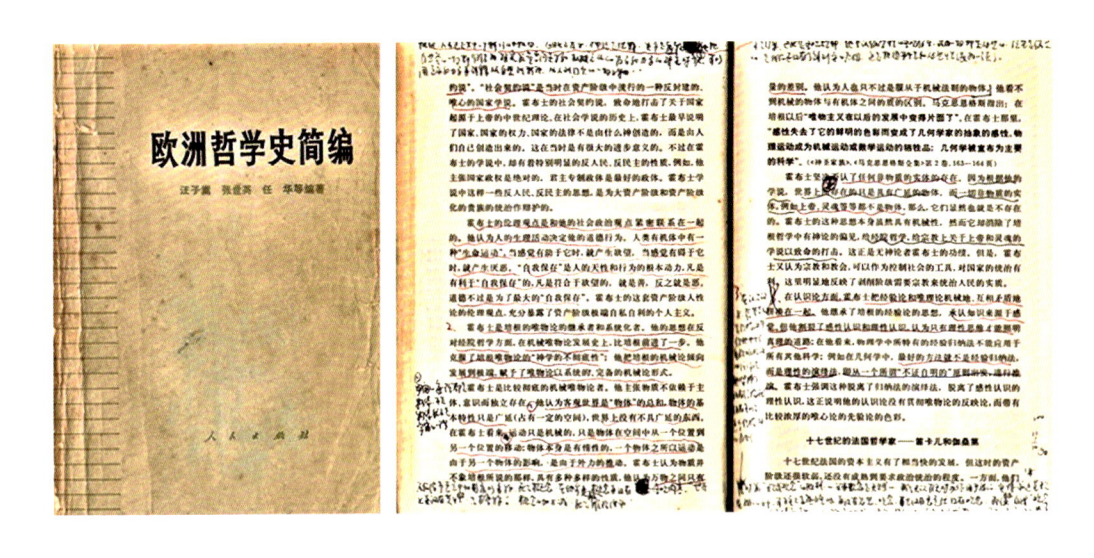

作者读《欧洲哲学史简编》的笔记

洲哲学史简编》是北大老师汪子嵩、张世英、任华等编著，于1972年出版的，这本书唤醒了我一直蛰伏着的对西方哲学的兴趣。

1978年考上大学，被分配到中文系，我决心自学西方哲学，用的教材是北京大学《欧洲哲学史》编写组编的绿皮本《欧洲哲学史》，以及北京大学外国哲学系外国哲学史教研室集体编译的《西方古典哲学原著选辑》。《西方古典哲学原著选辑》是一套书，包括《古希腊罗马哲学》《十六—十八世纪西欧各国哲学》《十八世纪法国哲学》《十八世纪末—十九世纪初德国哲学》四本。除了这几本书，我还熟读北大哲学系老师发表的著述，有了报考西方哲学史研究生的底气。1982年初，我大学毕业后考上了武汉大学西方哲学史国家教委委托代招的出国研究生，陈修斋*先生是我的导师。

开学时第一次和陈修斋先生见面，令我惊喜的是，陈先生告诉我，他也是北大人，在西南联大跟着陈康先生学希腊文和希腊哲学，1952年随贺麟先生回北大任教。1957年1月在北大哲学系举行的中国哲学史讨论会，本来是要学习苏联日丹诺夫关于哲学史是

* 陈修斋（1921—1993），1945年毕业于重庆中央政治学校外交系，1952—1957年在北京大学哲学系任教，专于西欧哲学史、西欧近代唯理论和经验论哲学，尤长于莱布尼茨哲学。

唯物论与唯心论两军对阵的定义，不料陈先生和冯友兰、贺麟等老先生一起，在会上质疑了这个定义。是年，武汉大学重建哲学系，陈先生和杨祖陶先生被调到武大负责西方哲学史教研室。陈先生还说，他那年招出国研究生，专门为此向国家教委打报告，想要培养一个中世纪哲学的专家，因为中世纪哲学是我国西方哲学研究的一个薄弱环节。我熟知的那套《西方古典哲学原著选辑》，陈先生也参加了编译。这套书影响很大，滋养了新中国成立后整整一代哲学工作者。陈先生讲，你看，中间缺了一本中世纪哲学，一下子就从古希腊罗马时期跳到了16世纪，现在要加强中世纪这个薄弱环节了。陈先生帮我选的留学地点是比利时鲁汶大学。鲁汶大学是中世纪哲学研究的国际重镇，特别是研究托马斯主义的中心。我填好鲁汶大学的申请表，很快就被录取了。

1983年，和陈修斋先生（左）在鲁汶大学合影

在鲁汶大学留学的六年时间里，我实际上完成了两篇博士论文，我在后三年写的博士论文题目是分析哲学，但因为受陈老师嘱托，前三年留意要多选一些中世纪哲学方面的课。鲁汶每个课程都会开出比较重要的详细书单，我按照这些书单购买和复印了不少资料，在搜集材料时，构思了《基督教哲学1500年》这本书的框架，带回国的资料主要都是关于中世纪哲学的。回来以后，又从藏书丰富的北大图书馆补齐了一些材料，就开始写作了。这本书写得很用心，花了三年时间，终于写成了。我完成了陈先生交给我的任务。

承前启后，守正创新

作者在鲁汶大学的论文答辩会

回国之前，社科院哲学所傅乐安和陈先生带领的武大团队，开始启动编译《西方古典哲学原著选辑·中世纪哲学》，大部分译稿已经完成，但一直没有下文。十年之后，商务印书馆的北大系友陈小文博士要重新启动搁置多年的译稿的出版工作，我当然义不容辞。我和武汉大学段德智教授申请了教育部人文社会科学重点研究基地的重大项目"西方哲学文献选编（中世纪卷）"，我们整理修订原译稿，请同行补充翻译了一些新资料。我的原则是，凡是陈先生审阅过的稿件，一律原文照抄：一是翻译质量确实高，二是老师传授的学脉应该传承。需要交代的是，这本书的另一位主编傅乐安先生也到鲁汶大学做过访问学者，我在鲁汶认识了这位精通拉丁文的可亲可敬的学者。这本书的总审校是我回国后选派到鲁汶专攻古希腊中世纪哲学的吴天岳老师。可以说，这本书的问世源于北大外哲教研室20世纪60年代开始的《西方古典哲学原著选辑》的编写，陈先生推荐我到鲁汶留学是为了成全这套书，经过三代人的接力，《西方古典哲学原著选辑·中世纪哲学》于2013年出版，我们终于完成了这个夙愿。

我从比利时鲁汶大学毕业前夕，向国内一些单位发出求职信，有些国内来的进修教师劝我："别去北大，那地方压人。"我是按照当时《人民日报》海外版的招聘广告发信的，其他学校皆无回音。1988年，北大回信表示接收。我在北大既无老师，又无同学亲友，连一个熟人也没有，我的求职材料还是托先我半年毕业的留学生带到北大去的。听说学校的两个单位——哲学系和外国哲学研究所都要接收我。仅从这一点看，我就知道北大不压人。通过博士论文答辩之后，我就立即启程来北大报到。光阴荏苒，十年之后，1998年北京大学百年校庆之际，编了《精神的魅力》文集。我以"有容乃大"为题，写了在北大十年的感言，最后有个结语："有感于古人所说'江海居大而处下，则百川流之'，我也想出来这么一句话：未名虽小而通五湖四海，则北大为大。"

我对北大传统的认识，经过了由感性到理性、从个别到全体的过程。"有容乃大"那篇短文只记录了洪谦、黄枬森等先生大力推荐我的知遇之恩，在此之后，对以上和更多的北大哲学系前辈有了更全面、更深入的了解，我体悟到自己第一次写关于北大的感言所用标题"有容乃大"的分量。北大之容，是"思想

北京大学给作者发的聘书

自由，兼容并包"的容纳；北大哲学之大，是"因真理，得自由，以服务"的博大，由此形成了北大哲学系。

有人说，北大哲学系有传统而无学派，重学风而薄门户，我觉得此说有道理。北大哲学系里被公认为大师级的学者多是某门学科在中国的创始者，如冯友兰、胡适之于中国哲学史，张颐、贺麟、洪谦之于西方哲学史，金岳霖之于逻辑学，宗白华、朱光潜之于美学，他们都是一代宗师。这些学科的全国从业者或多或少受到他们的影响，但没有一人可以说是某位宗师的唯一传人，没有听说有以北大哲学家命名的学派，也不能说存在一个"北大学派"。北大哲学门在开办时就有承袭晚清学术的经史学家和学习新学的留学生等多个来源，西南联大哲学系教师来自五湖四海。1952年的院系调整让全国哲学系都汇集到北大，院系调整靠行政命令，似乎抒发了领袖天下英才尽收囊中的情怀，北大哲学系教师却意外享受了"得天下英才而教育之"的快乐。其实真正得益的应该是学生，大师们为他们讲授各门功课，师出多门，不拘门户，没有壁垒。由于历史缘故，北大哲学系的学生历来都把全系特别是教研室的教师当作自己的老师，来自外校的也乐意自称是本校老师的私淑弟子。这当然不表明师生关系、同学关系不重要，而是说，北大哲学的传统不依赖师生、同门等人际关系而得以维系传承，这是"关系社会""熟人社会"大环境中一片难能可贵的净土。

学术影响和学风传承是维系北大哲学传统的真正力量所在。学术影响和风气是无形的，也是真实的；是宽泛的，也是具体的。就我读过的前辈著作，以及受过的前辈亲炙而言，这个传统至少有四种类型。

一种是用线索贯穿史料的治学路数，冯友兰的《中国哲学史》

是这方面的杰作。有人说他借鉴了西方哲学史的架构来裁剪中国思想史料，我看未必如此。晚清学术中已有"欲知大道，必先为史"的见识，章太炎明确提出"夷六艺于古史"的主张。冯友兰的聪明之处是在古代文献中缕出子学、经学、佛学和理学的次序和理路，实与"以西解中"无涉。北大学者浸淫于史料的"块块"与线索的"条条"之间游刃有余，得心应手，即使在"革命阶级的唯物论与反动阶级的唯心论两军对阵"教条的禁锢中，也能借着"历史与逻辑相统一"的方法，按照历史线索和具体观点编写内容翔实的中西哲学史料。由此形成了一个好传统，每写一部哲学史教材，都要编写相应的资料选编或原著选读。除中西哲学史外，东方哲学史、现代中国哲学、现代西方哲学、中西美学史、西方伦理学史，皆是如此。黄枬森主编的《马克思主义哲学史》多卷本则把发展线索和文本材料合为一体。

还有一种是经典释义的蹊径，其承袭了考据学的传统，与西方古典学的风格接近。中国哲学中的小学难以与义理分割，文本注释更侧重于文意解释，而非字词疏通。张岱年对史料的辨伪与证真、区分与会综、厘定史料的次序、训诂的原则等问题都有精辟的理论，他的《中国哲学大纲》就是按照这种方法论对哲学范畴分门别类进行梳理，而不按历史线索。治西方哲学前辈们的翻译遵循"信达雅"之标准，注重词句格义和文本解释。陈康译注的柏拉图的《巴曼尼得斯篇》中注释多于译文，"反客为主"的文风体现了翻译者的主体意识。贺麟、洪谦、熊伟、王太庆、张世英等人的西方哲学译作和著述，使得西方哲学融入现代汉语的语境，依靠的是对中西思想的双向理解。

问题导向是北大学者研究的又一显著倾向，冯友兰的《新理学》《新知言》、金岳霖的《论道》《知识论》、熊十力的《新唯识论》等，是这方面的代表。这些作品对主旨的辨析论证下了深入细致的功夫，比哲学通史更能激发人的思考和讨论，这种哲学传统在西方被称作"苏格拉底方法"，在中国被称作"尊德性而道问学"，马克思主义则称其为理论与实际相结合。

汤用彤著作代表的治学传统与上述三种都相关，但又难以归于任何一种。《汉魏两晋南北朝佛教史》和《魏晋玄学论稿》等书的宗旨是"文化移植论中最根本的问题"（汤一介语）。这些书综合了前面三种类型中的"史料"和"线索"、"考证"和"问题"，不但史论结合，而且论从史出，用通贯的思想史切实解答近代以来所争论的外来文化与本土文化的关系问题。这样的学术批评史在国外很流行，不少新理论由此开出，我们现在十分需要弘扬这一治学方法。

北大哲学传统不仅仅体现在书本上，更渗透在师生教学、研究和交流的活动中。比如，在一场学术报告会上，一个老师依据新发现或自译的史料提出一个观点，听众中的同行、学生或问：你的材料可靠、全面吗？解决了什么问题？论证的逻辑是否有问题？能不能换个角度看？问答之间显出不同学风和理路的碰撞。

传统具有一种活力，也可以成为一个包袱。任何传统，如果不更新，就会封闭而僵化，所以孟子也说："君子之泽，五世而斩，小人之泽，五世而斩。"面对社会上"现在为什么没有哲学大师"的质疑，我们应把北大的哲学传统看作正在进行时，其仍处在熔铸、发展、转型、变化之中。我最后寄语青年一代的北大人：在学术传统的大道中变动前行，"人能弘道，非道弘人"；在学术批评的长河里，长江后浪推前浪，一代新人胜旧人。

历史地理的学术传承

韩茂莉

韩茂莉 北京大学城市与环境学院历史地理研究所教授。1991年进入北京大学人文地理博士后流动站,1993年留校任教。研究方向为中国历史农业地理、环境变迁、历史社会地理。出版著作《十里八村——近代山西乡村社会地理研究》《中国历史农业地理》《草原与田园——辽金时期西辽河流域农牧业与环境》等。

> * 侯仁之（1911—2013），中国现代历史地理学的重要开创者之一。1940年硕士毕业于燕京大学后留校任教。1949年博士毕业于英国利物浦大学地理系。1952年起执教于北京大学。

> ** 顾颉刚（1893—1980），中国历史地理学和民俗学的开创者。1920年于北京大学本科哲学门毕业后留校工作。新中国成立后，历任复旦大学教授、中国科学院历史研究所研究员等。

侯仁之*先生曾经说过历史地理是昨天的、前天的地理，因此历史地理将历史学的时间体系纳入研究，融时间与空间于一体，并在回归人类曾经经行的历程中探寻旧日的足迹及其影响。中国有着悠久的历史，历史也孕育了对历史地理的探求。

20世纪30年代，顾颉刚**等人创办了专门从事历史地理研究的学术团体——禹贡学会，同时出版了学术期刊《禹贡》半月刊。《禹贡》本是《尚书》中的一篇，为中国最早的地理著作，以此命名学会与刊物，显示其渊源的久远。但《禹贡》半月刊的英文译名却是 *The Chinese Historical Geography*，无疑，《禹贡》半月刊的问世就是历史地理登上中国学术舞台的年代。然而，这并不是历史地理研究起步的年代，追寻历史地理的渊源，可上及东汉班固所撰《汉书·地理志》。《汉书·地理志》虽未提及历史地理这一名目，但其表述形式、记述内容已具有"昨天""前天"地理的特征，这一切将中国历史地理学术渊源拉到两千年前。

顾颉刚先生以及谭其骧、侯仁之、史念海先生，继"禹贡学会"传统，成为中国近代历史地理专业的创建人。

不拔的士节与爱国情怀

顾颉刚先生1920年毕业于北京大学，并留校任教，六十多年的学术生涯中著作等身，为学界泰斗，一代宗师。2011年中华书局出版了《顾颉刚全集》，共五十九卷、六十二册，计2500万字，涉及历史学、民俗学、历史文献学以及历史地理等研究，为中国现代史学奠定了第一块地基。历史学家黄现璠于20世纪30年代留学于日本东京帝国大学研究院，导师为东洋史学大家和田清、加藤繁。忆及当年，他说："日本学者，特别是名牌大学如东京、京都、帝大教授，都看不起中国学者，唯对于顾颉刚先生和吾师陈垣先生，则推崇备至。"

然而，顾颉刚先生这样一位誉满天下的大学者，并非与世隔绝的书生，以天下事为己任的社会责任感影响他一生。1931年"九一八"事变后，东北沦陷，华北面临威胁，抗日战争爆发。在这民族危亡之际，1934年，顾颉刚先生怀着满腔爱国热情，创办禹贡学会与《禹贡》半月刊。禹贡学会与《禹贡》半月刊并非单纯的学术组织与学术期刊，顾先生在《本会此后三年中工作计划》中明确说明："本会同仁感念国事日非，惧民族衰亡之无日，深知抱为'学问而学问'之态度，实未可应目前之急，亦非学人以学术救国所应出之一途，爰纠集同志从事于吾国地理之研究，窃愿借此以激起海内外同胞爱国之热忱，使于吾国疆域之演变有所认识，而坚持其爱护国土之意向。"在顾颉刚先生的提倡下，《禹贡》半月刊与禹贡学会着力于边疆研究、民族研究、历史地理研究，力求唤起民心，"在真实的学识里寻出一条民族复兴的大道"。当年禹贡学会成员白寿彝先生忆及这段往事谈道：顾先生本着经世致用、御侮图强的精神，重视边疆及民族历史和现状。同属禹贡学会成员的史念海与侯仁之先生共同提到难以忘怀的一段往事。禹贡学会的成立和发展，使历史地理的研究成为经世致用、救亡图存之学。尽管如此，顾先生仍稍嫌迂缓，在蒋家胡同3号自己家中，组织了"通俗读物编刊社"，连续撰写和出版了宣传抗日的大鼓词，并通过天桥等处

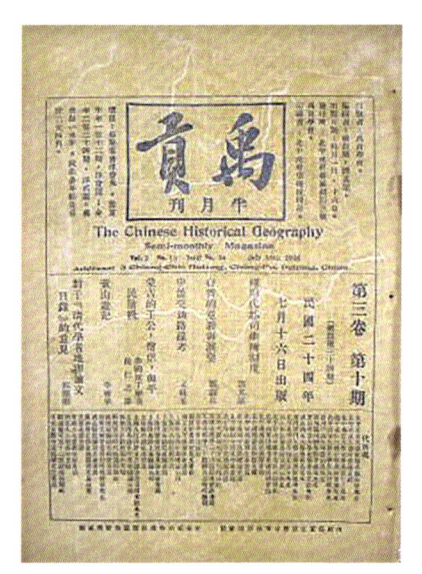

上:《禹贡》半月刊

下: 1937年3月,顾颉刚在禹贡学会办公

的爱国艺人到人民群众中去宣传。这样的爱国之举,遭致日本侵略者的忌恨,"七七事变"后日军进入北平,到处搜捕顾颉刚先生,迫使顾先生仓促离开北平,《禹贡》半月刊被迫停刊,禹贡学会停止工作。1934—1937年,《禹贡》半月刊共出版了7卷82期,发表文章708篇,禹贡学会的成员包括顾颉刚、钱穆、冯家升、谭其骧、唐兰、王庸、徐炳昶、刘节、黄文弼、张星烺、于省吾、容庚、洪业、张国淦、顾廷龙、朱士嘉、韩儒林、吴丰培、赵泉澄、侯仁之、史念海、杨向奎、童书业、郑德坤、张维华等,这几乎是当时以及后来中国历史学界的大半个班底。

顾颉刚先生主持下的禹贡学会,不仅在于书本,而且强调体会社会与民情,学会成员多次赴边疆考察。顾先生提出:"我们研究地理,应该对于我们版图内的山河、景物、人民,以及我们以往的光荣,都亲眼领略一过。" 1934年8月,顾颉刚同郑振铎、雷洁琼、吴文藻、谢冰心等在平绥铁路沿线考察,此后禹贡学会成员先后前往察哈尔、西北等地进行社会考察。呼应考察成果,《禹贡》半月刊先后出版《西北研究专号》《东北研究专号》《后套水利调查专号》《南洋研究专号》《康藏专号》《察绥专号》等,并开始编辑印行"边疆丛书"。1938年,顾颉刚和史念海先生合撰的《中国疆域沿革史》出版,该书论述了历史时期疆域变迁,以使国人俱知"先民扩土之不易,虽一寸山河,亦不当轻轻付诸敌人"。

抗日战争爆发以后,顾颉刚先生"以救国自任",受管理中英庚款董事会委托,作为补助西北教育设计委员,来到甘肃进行为时一年的考察,遍历甘肃中南部各县。此间,不仅以唤起民众为根本宗旨,在汉、藏、回农牧民中进行抗日宣传,且为临洮、临潭的青年学生提供脚本,演出救亡戏剧《辽东痛史》《上前线去》等,并在夏河出席"'七七'抗战建国"纪念会,撰写《祭阵亡将士文》,唤起到会藏胞激情振奋。顾颉刚先生在甘肃所为,引起北平日本侵略军的关注,他们扬言:"以顾某在外作抗日宣传,即将逮捕其家属。"顾先生在给父亲的信中表示:"男以时势所迫,不得不作范滂、张俭一流人。诚恐钩索瓜蔓,竟累堂上。若彼执其父以诱其子,则男将为尚乎?抑为员乎?是男之所不忍言者也。"如此凛然正气,心在国事,为后人仰视。

1931年是侯仁之在通州潞河中学度过的最后一年。"九一八"事变和"一·二八"淞沪抗战的失利使刚满20岁的侯仁之陷入愤懑和报国无门的迷茫中。当时他意外地在《中学生》杂志上读到了一篇文章。"满腔热情地勉励青年'不要空谈救国',要'到民间去','要把自己的脊梁竖起来,真正去唤醒民众'。那作者的署名是顾颉刚。"侯仁之不知道顾颉刚是谁,但这篇文章似乎给他指明了方向,原本打算去学医的侯仁之决定毕业回家乡教书,以实践顾颉刚所说的"到民间去"。1932年,侯仁之拿到奖学金入读燕京大学历史系,这是他一生为学的起点。

侯仁之先生于1944年在天津工商学院任教期间,为毕业班学生写下这样的临别赠言:

"在中国,一个大学毕业生的出路,似乎不成问题,但是人生的究竟，当不尽在饮食起居，而一个身受高等教育的青年，尤不应以个人的丰衣美食为满足。他应该抓住一件足以安身立命的工作，这件工作就是他的事业，就是他生活的重心。为这件工作，他可以忍饥，可以耐寒，可以吃苦，可以受折磨；而忍饥耐寒吃苦受折磨的结果，却愈发使他觉得自己工作之可贵、可爱，可以寄托性命。这就是所谓'献身'，这就是中国读书人所最重视的坚忍不拔的'士节'。一个青年能在三十岁以前抓住了他所献身的事业，努力培养他的'士节'，这是他一生最大的幸福，国家和社会都要因此而蒙受他的利益。"

侯先生在燕京大学任教时，因帮助抗日学生，曾被日军抓捕，关入监狱。这是侯先生最难忘的一段往事，每次谈起总是心绪难平。1941 年 12 月，日本发动太平洋战争，燕京大学随即遭到日本人查封，十余位教授被投入监狱，侯仁之先生也在其中。据侯仁之先生《燕京大学被封前后的片断回忆》，同时入狱的还有洪业、邓之诚、张东荪、刘豁轩、陆志韦、罗其田、赵紫宸、赵承信、林嘉通、蔡一谔等教授。被日本人投入监狱，与反日活动有关。侯先生兼任学生生活辅导委员会副主席，他利用经常接触学生的机会，秘密协助爱国学生通过各种途径前往解放区或大后方。据侯先生回忆，在中共地下党的安排下，仅经他负责联系前往解放区的学生便有三批。尽管在监狱中日本人多次审问，希望获得他们想要的信息，但侯先生闭口不提这些秘密。半年后，日本人查无实据，以"心传心，抗日反日"的罪名判处侯仁之先生徒刑一年，缓刑三年，取保开释。取保开释后，侯先生来到天津，就在此时两名了解去解放区之事的燕大学生被日本宪兵逮捕，如果他们招供，侯先生难逃一死。获讯后，侯仁之想逃离沦陷区，征求洪业先生的意见。洪业先生的意见可以概括为两点：不能走——走，会牵连铺保；不走也许会再次被捕，甚至被判处死刑，但大家都会知道"侯仁之是为什么而死的"。侯先生听从洪业老师的意见，决心为抗日而死。后来获知那两名学生遭受了极为严酷的刑讯，但没有泄露任何东西。国难当头、牢狱之灾，与死神擦肩而过，还有什么比这更大的考验呢？

历史文献与野外考察结合的研究传统

20世纪60年代，侯仁之先生在《历史地理学刍议》一文中指出：历史地理学研究"必须具备一定的历史学的训练，熟悉有关的历史资料和文献，并能运用一定的历史方法；其主要目的则在于探讨同一地区或同一地理环境在不同历史时期的实际情况，以及其发展演变的规律"。与此同时，侯先生进一步强调，"诚然，历史地理学的研究要凭借历史资料，但仅仅这样是不够的……总的来说，野外考察无论如何也是不可缺少的"。

20世纪80年代，谭其骧先生《在历史地理研究中如何正确对待历史文献资料》一文中提到："当前我国历史地理学界急需通过讨论予以明确的，看来已经不是学科的性质问题，而是学科的研究方法问题。"对此，谭先生在高度赞扬史念海、侯仁之先生针对黄土高原、北方沙漠地带进行野外考察，成功地论述了环境变迁与人类活动关系的同时，也重点强调历史文献在历史地理研究中的重要性，并指出："我们若因此便认为研究历史地理只需要多做野外考察，只需要学会地理学的研究方法，或者说，依靠这些方法就可以解决所有历史地理的问题，那可是绝对错误的。"秉承这一治学宗旨，历史文献与野外考察两类研究方法经几代学者的实践，解决了诸多历史地理问题,并推动历史地理研究不断前进。如果将历史文献与野外考察视作传统研究方法,那么20世纪90年代,历史地理学在兼容历史学、地理学研究方法的同时,借鉴考古学、民族学、社会学、农学等学科研究方法,从不同视角展开研究。其中,GIS技术数理计算、地层分析、孢粉分析获得更多的关注,在启迪思想、拓展研究途径的同时,也成为解决问题的新方法。

历史地理科学体系的建立

在1962年发表的《历史地理学刍议》一文中,侯仁之先生对历史地理学的性质和内容做了系统的阐述。20世纪70—90年代,他又相继出版和发表了《历史地理学的理论与实践》《再论历史地理学的理论与实践》等多部有关学科理论的书籍和论文。

侯仁之先生最早阐明了历史地理学与沿革地理学之间的本质区别,他在《历史地理学刍议》中指出"历史地理学是现代地理学的

20世纪90年代,侯仁之先生(前排中间)与北京大学历史地理中心教师合影

一个组成部分，其主要研究对象是人类历史时期地理环境的变化，这种变化主要是由于人的活动和影响而产生的。历史地理学的主要工作，不仅要'复原'过去的地理环境，而且还须寻找其发展演变的规律、阐明当前地理环境的形成和特点。"他还提出应该将历史地理学的研究时限上溯至全新世的早期。

经世致用的研究目的

侯先生经世致用的学科理念，可以说是一贯秉承的。如果向前追溯，又要说到顾先生了。顾先生当时就说过，学术研究经世致用，应该是我们致力的一个方向。他们所说的经世致用，不一定是说他们的研究可以转换为 GDP，而是说我们的研究成果也可能会在某一个方面服务于社会需求。侯先生从年轻的时候就开始以北京作为专题进行研究，他的这种研究对于后来北京城的发展和建设起了很关键的作用。

中华人民共和国成立以后，50 年代中共中央作出指示，选择在天安门广场的一侧修建人民大会堂。人民大会堂对于我们国家来讲是一个象征性的建筑。当时，侯先生通过他对北京城当年古河道的研究，发现人民大会堂选址的地点下面曾经有古河道。于是他把他的研究成果提交给北京市有关部门，引起了人民大会堂的设计者的重视。有了这一份资料，对于大会堂的地基等就要进行重新考虑。在普通的基岩上和在一个古河床上，两者的设计是不一样的。

除了解决这样一些实际问题之外，侯先生对于整个北京城历史时期一直到当代的发展始终保持关注，尤其是北京城的中轴线的发展。他认为从北京准备举办亚运会的时候，中轴线开始向北延伸，形成了整个城市的核心。后来，北京传统中轴线的南起点——永定门城楼复建时，侯先生已经有90多岁高龄了，还到工地上参观。当年侯先生是非常兴奋的，他认为这样一个重要的标志性建筑终于重新恢复了。

有一次北京市文物局请侯先生为他们的一个培训班讲课。侯先生和我说："这次我不去了，茂莉你代替我去讲课。"然后侯先生给我提供了一些完整的地图，都很大，是那种卷轴的地图，这就等于要求我对北京城有一个清楚的了解。自那之后，不由自主地，北京也开始变成我所关注的一个问题了，包括北京四合院等。现在北京一些部门开始找我咨询一些关于四合院的问题，说明我对这个问题不陌生，而所有这些都跟侯先生的引导有关。侯先生不希望我们脱离所在的地方，只做自己的那一套，他希望我们的研究跟国家、跟当地结合在一起。

说侯仁之先生是"中国申遗第一人"，是因为侯先生在获知世界上有遗产保护这样一个组织后，便向国家有关部门提出了申遗这样一个建议，马上引起了国家的重视。我们国家从那个时候开始申遗，我国世界遗产总数已经位居世界前列，这与我们文明古国的地位是匹配的。

"在大学，教书是我们的本业"

说起农业研究，最初做的时候是和史念海先生有关的，史先生当时承担《中华人民共和国国家农业地图集》的编撰工作，他需要所有的学生都加入其中，我当时负责的是宋代的部分。

完成以后，我忽然发现史先生当时希望我们大家都做跟历史农业有关的研究。历史农业是一个既枯燥又没有显示度的问题。但是我越做越有一种感觉，那就是我们中国是一个农业大国，而且是世界上三大早期农作物的驯化地，而关于中国农业的这些问题，以往大家都知道，日本学者做了很多研究。如果所有关键性的研究都由外国学者来做，我们这样一个文明古国，尤其是一个历史久远的农业大国，是不是有太多遗憾了？所以沿着这个思路，我就一直做下来了，一直到今天依然如此，仍然没有放下来。

作为一名历史学研究者，都会有一种本能，但凡见到史料就会充满兴趣，所以我们几个人后来几乎都对这些史料进行了分析。其中有很多我们以往没有注意过的问题，我从乡村社会建立在空间上的关系入手，从基层水利扩展到乡村社会，最后形成了《十里八村——近代山西乡村社会地理研究》这样一本书。

其实，这些问题我跟侯先生讨论过。侯先生的关注更多放在北京城市地理研究上，他曾经说过："我个人的时间和精力是有限的，大概没有更多的时间走出城市研究了。"但是他一点都不反对我们做城市以外的研究，所以在侯先生的鼓励下，这些工作我越做越多。

侯仁之先生手稿

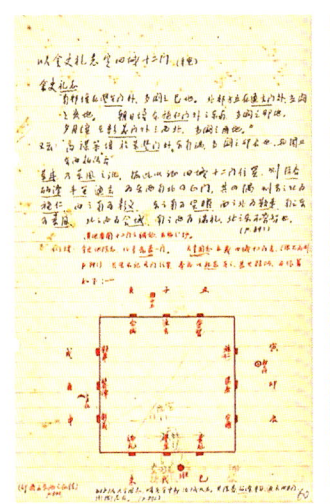

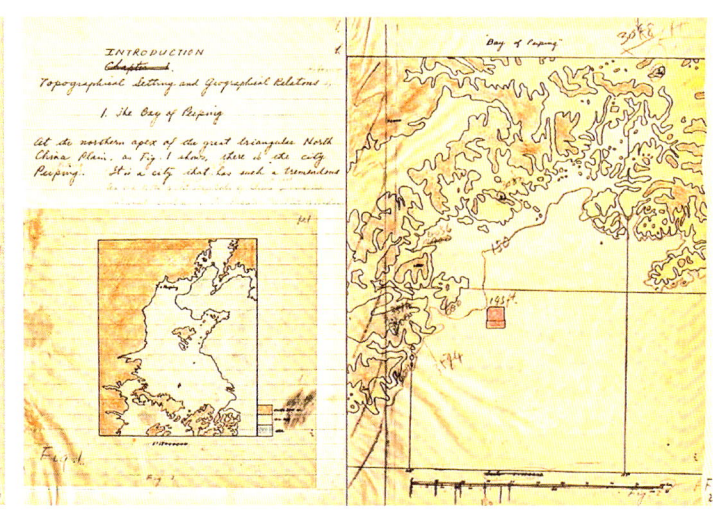

侯先生当年在英国读书的时候完成的笔记在今天已经出版成很厚的一大本书。除了整理侯先生做的中英文的笔记之外，里面还有他当年画的地图。侯先生一生既注重基础历史文献的搜集整理分析，同时也注重地理学的研究方法，致力于从考察到把考察的结果落实到地图之上。

侯先生 90 岁高龄的时候仍然在讲课，也经常做讲座。我希望自己像侯先生一样，不要放弃教学这件事情。当然，侯先生鼓励我们教书，他一直认为在一所大学，教书是我们的本业，不应该因为自己做研究而放弃教学，以课堂为主是教师这个职业的本分，这一点我记住了。

老师、同学、社团

我与北大的艺术因缘

白谦慎

白谦慎 浙江大学艺术与考古学院教授。1982年硕士毕业于北京大学国际政治系,后留校任教。1986年赴美,1996年获耶鲁大学艺术史专业博士学位。长期致力于中国艺术史研究,出版著作《傅山的世界:十七世纪中国书法的嬗变》《傅山的交往和应酬——艺术社会史的一项个案研究》《晚清官员收藏活动研究:以吴大澂及其友人为中心》等。

> * 赵宝煦（1922—2012），1948年毕业于北京大学，后留校任教，是北京大学政治学学科的主要奠基人之一。
>
> 1979年，在北大学生宿舍37楼426室练字

1978年10月，我进入北大国际政治系学习。本科毕业后，由于中国政治学刚刚恢复不久，我们班有八位同学同时留校，我又在北大教了四年书。我当时的专业和我今天从事的工作并没有直接的关系，但在燕园求学和工作的八年，给我以后的艺术史研究带来了深远的影响。我和艺术结缘是在我考进北大之前。20世纪70年代初，"文化大革命"的热度开始逐渐消退，艺术教育在上海慢慢恢复，我在几位老师的指导下开始学习书法。1978年进入北大后，学业之余我并没有放弃自己的爱好，反而让它在燕园优越的文化环境中得到了进一步的发展，为我在十多年后最终走向艺术史研究打下了重要的基础。

那个时候，我们的系主任是赵宝煦*老师。1979年3月上旬，一个偶然的机会，赵宝煦老师得知我喜爱书法后，专门把我叫到他的办公室，和我亲切地交谈。赵老师少年时在北京从师学画，在西南联大求学时，发起了"阳光美术社"，邀请闻一多先生作为指导教师。而那时的赵宝煦老师正是政治系的学生。所以，在其他老师都教育学生要巩固专业思想的时候，赵老师却对我的艺术实践多有鼓励。赵老师知道我喜欢篆刻，送了我一本他珍藏的精装本《齐白

石作品集》。那时候的物质条件差,赵老师送我的这本书,是我拥有的第一本精装本艺术书籍。赵老师还经常对我的艺术实践给予指导。有的时候,他还把自己写的诗抄录给我,我也曾把自己写的字给赵老师看,请他指教。

那时,北大还没有成立学生书法社,在赵老师的介绍下,我参加了教工"燕园书画社"组织的活动。赵老师还带着我和中文系1978级研究生曹宝麟、图书馆系1978级本科生华人德一起拜访季羡林先生,欣赏季先生的书画收藏。此外,赵老师还介绍我认识了喜欢书法篆刻的中央美术学院副院长朱丹先生和当时在中央美院读研究生、后来成为世界著名艺术家的徐冰。现在想来,赵老师当年介绍我认识文化艺术界的前辈和同道,实际上是希望我能利用北京独特的文化环境,开阔自己的艺术视野。在学校的时候,我们还有机会拜访其他关心艺术的老师,除了季羡林先生,我还拜访过宗白华*先生、朱光潜先生、魏建功先生。

在求学期间结识了曹宝麟和华人德,也是我在北大得以进一步发展自己的艺术爱好的另一个重要原因。两位学兄学识渊博、书法造诣很深。如前所述,曹宝麟是1978级中文系古汉语专业的研究生,王力先生的高足,长我九岁。他是"文化大革命"前华东化工学院机械系的大学生,但自幼喜欢古代文学,爱好研究诗词格律。"文化大革命"结束后,他跨界考上了王力先生的研究生。曹宝麟自幼喜爱书法篆刻,在华东化工学院读本科时,从我的书法启蒙老师萧铁先

* 宗白华(1897—1986),1918年毕业于同济大学,1920—1925年留学德国。1952年起任北京大学哲学系教授。

1984年,与宗白华先生(右)在他的书房合影

左：赵宝煦先生所赠《齐白石作品集》扉页

中：赵宝煦先生邀作者为其刻印后，抄录自己的近作相赠

右：赵宝煦先生给作者写的短信

生游。从这个意义上来说，我们是同门。曹宝麟是上海人，但我在上海时并不认识他，因为那时他在安徽山区的广德县机械厂工作。1978年10月，我去北大报到前，向萧先生辞别。老师说："宝麟也考上了北大，你到北大去找他。"在北大，我和宝麟交往最多，常去他的宿舍和他聊天，和他一起出游，比如去看展览、去圆明园吊古。1979年6月，我和他去圆明园，在那里捡了几块石头，我用小楷在上面写字，至今，其中的一块还摆放在他书桌上。在和他的交往中，我学到了很多古代文化知识。我是在他的引导下开始学习篆刻的。今天中国的艺术史专业并不训练学生辨认草书和印章，在古代文化史方面的训练也不足。而我当年在北大业余爱好活动中获得的那些知识，居然成了我今天专业上的看家本领。

华人德是无锡人，"66届"高中生，比我大八岁。"文化大革命"时在苏北插队落户，1978年考上北大图书馆系。图书馆系男生和国政系男生同住37楼，他住在一层，我住在四层。我们回家时坐同一辆火车，在火车上相识后发现彼此都喜好写字。那时候没什么书，他插队时手边仅有两部好书——许慎的《说文解字》和郑樵的《通志》。他读得烂熟,也因此打下了很好的文字学和文史基础。1980年冬至,人德发起成立"北京大学学生书法社",他被推为社长,我任副社长。那时候我们参加全国大学生书法竞赛,举办雅集、参观北大图书馆藏碑帖,既丰富了业余生活,也交流了艺术。

1982年毕业后,我留校教书。系里见我喜爱古代文化,安排我教"中国古代政治制度史"。虽说当时的工作主要是为本科生开课而综合前人的研究成果来备课,谈不上是专门的研究,但备课的过程让我有机会了解了中国古代官制。这对我以后研究中国艺术史是非常有帮助的。当年北大对我影响最大的还是燕园开放多元的思想氛围和活跃而又淳朴的学术风气。那时没有名目繁多的考核、评估、项目来扰乱人心。在开放的氛围中,思想的撞击会启发你去思考各种问题,而淳朴的学风令你在分析问题时,会小心细致,力求扎实。我的处女作(《也论中国书法艺术的性质》),就是在大学四年级完成、毕业那一年发表的,至今依然被书法研究领域经常引用。

宝麟和人德毕业后都离开了北大,但我们一直保持着密切的联系。1987年,人德兄发起成立"沧浪书社"。我和宝麟都是创社社员。我们在国内举办学术会议,在美国举办中国书法篆刻展。如今这两位学兄早已是中国书法史研究的权威,也是当代最重要的学者

1985年,曹宝麟和华人德写给作者的信

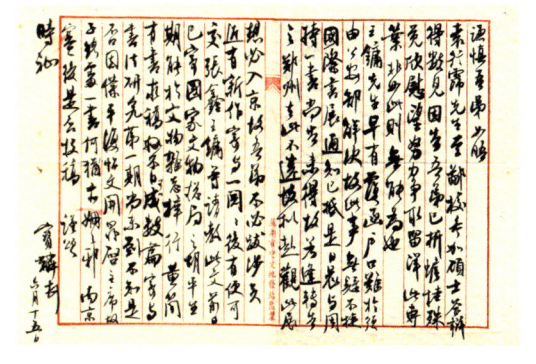

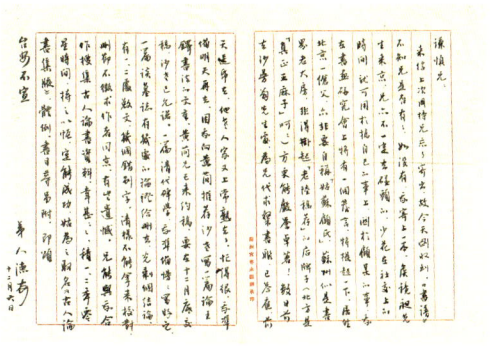

左：1948年，张充和与傅汉思合影于北平

右：1995年，作者在耶鲁大学博士毕业时，张充和老师写给他的贺信

书法家。我在北大国际政治系学习和工作了八年，此后四年在美国罗格斯大学政治学系学习比较政治，这十二年的政治学学习是我学术生涯中的一笔宝贵财富。2003年，拙著《傅山的世界：十七世纪中国书法的嬗变》英文版由哈佛大学出版，至今已有不同语种版本出版，它的读者超出了艺术界与艺术史界，这正是因为它所具有的跨学科特点。而我本来就有着不同于一般艺术史学者的学术背景。目前我正在研究晚清高官、学者、收藏家吴大澂，我通过他来观察中国开始现代化进程后，晚清最后两代士大夫的业余生活。

最后，我想介绍一下1990年我从政治学转向艺术史的一个机缘，因为它也和北大学缘有关。1986—1990年我在美国罗格斯大学政治学系读书期间，在东亚系教书法课。业余的时候，开车拜访美国东部的书法家。经语言学家李方桂先生之子李培德教授的介绍，我去拜访了耶鲁大学的退休教师张充和女士。张老师是1934

谦慎亲耶鲁求精進 日渴以繁疑义相
與析者共五年乐益良多令成博士学
位要有乔迁之喜谨以此奉贺兼以赠
别並祝
世途宽坦福寿無涯
一九九五年七月二十日充和于
美東新港之丰舫

2008年，在张充和老师家的客厅讨论艺术

年考入北京大学中文系的。她的丈夫傅汉思是德裔汉学家，长期在耶鲁大学东亚系任教，张老师则在耶鲁大学艺术学院教书法。抗战胜利后，胡适先生邀请张充和到北大教书法和昆曲，邀请傅汉思到北大西语系任教，他们在沈从文先生家中邂逅，相爱，结婚。当时，张老师知道我是北大校友又喜欢写字刻印后，很高兴，我们谈得非常投缘。1989年秋天，她得知我想转行不再研究政治学后，主动提出推荐我到耶鲁大学艺术史系攻读博士。在她的大力推荐下，我在1990年秋天顺利进入耶鲁大学。1990年秋，我全家抵达耶鲁后，张老师和傅汉思先生请我们吃饭。由于我妻子王莹是北大中文系1978级的学生，席间张老师指着自己、傅汉思先生、我和我妻子说："我们都是北大的。"

我的老师

梦想和榜样

戴锦华

戴锦华 北京大学中文系比较文学专业教授。1982 年毕业于北京大学中文系文学专业。同年,任教于北京电影学院。1993 年起在北京大学任教。长期从事电影、大众传媒与性别研究。出版著作《浮出历史地表——现代妇女文学研究》《雾中风景》《电影批评》《隐形书写——90 年代中国文化研究》《涉渡之舟:新时期中国女性写作与女性文化》《昨日之岛》等。

如果你们去问乐黛云老师：您此生最得意的学生有谁？其中一定有我。在北大，当我们说某人是他的学生时，指的是经过他指导认真研读的学生。我在北大四年的学习生涯中，乐老师始终在，但是我在乐老师的生涯中始终不在。

对我来说，乐老师始终是一个近切但又遥远的身影。我此生没有真正体会过粉丝心态，没有真正膜拜过偶像，但是至少在北大的岁月中，乐老师曾经让我感受到了超过偶像的魅力和能力。她像一种展示、一种召唤，几乎重塑了我对自己的希望和梦想。当我们说乐老师是中国比较文学学科的奠基人、创始人的时候，我们在说什么？大家可能很难想象20世纪七八十年代，尤其是20世纪80年代之初，"比较文学"四个字闪耀的光彩、凝聚的魅力。当年，与我同代的学者，没有一个人不曾追随在乐老师身边，被比较文学的光彩所召唤，所折服。

当时，中国比较文学学会有数千会员，下辖150多个分会，所有的新学科、新努力、新尝试，都试图把自己归属到比较文学的麾

20世纪80年代，乐黛云老师在比较文学课上

下，都试图获得乐老师的加持和保护。当年的中国比较文学学会，事实上是启动了80年代最重要的学术思想基地，给我们带来了完全不同的视野，完全不同的方法，完全不同的感知世界和中国的可能性。它是那么巨大的一种社会能量，它在创造着新的学术，同时又在新的学术当中，产生着推动我们去参与、介入、变革中国及变革世界的力量。

乐老师是这个过程中的旗帜性人物。因为乐老师，我放弃了我的文学梦。应该说，乐老师及早地让我知道做一个二流诗人是没有出路和前途的。因为她向我展示了一名教师的魅力，一名教师的风采，一名学者的空间，以及一名学者的可能性。今天，每当我的课堂人满为患的时候，我对这些热情的同学都非常理解和充满同理心，因为当年我也曾坐在他们不能想象的狭窄的窗台上，聆听乐老师的学术报告。乐老师在短短的学术报告中不仅勾勒了西方学术的现状，还给我们带来了无数关于思想的资源，关于理论的资源，关于影响这些理论产生的世界变化的信息。

我记得就是在那个课堂上，乐老师用三句话提及了一个叫作"符号学"的存在。因为这三个字，我在整个中文世界去寻找，最后被迫用我蹩脚的英文到英语世界去寻找，而这事实上成了我电影学术的开端和到今天为止最坚实的基础。乐老师真正改变了我的人生，形塑了我的梦想。到今天，我仍在继续实践这个梦想的路上，或者从某种意义上说，我把这个梦想变为我个人生命中重要的组成部分。

到这里，乐老师之于我，乐老师之于北大，乐老师之于中国的意义，我想我已经说得足够充分，但这还不是全部。80年代中后期，乐老师突然开始召唤我。当时作为北京电影学院青年教员的我，作为在电影学术和电影艺术当中深深沉溺、如鱼得水、完全不知天高地厚的青年学子的我，突然接到了心中金光闪闪的偶像的召唤。乐老师说："来北大吧，我觉得这是更适合你的地方。"坦率地说，我当时骄傲极了，感动极了，像曾经梦想在北大，而最终没能留在北大的人一样。

因为乐老师的邀请，我第一次作为北京大学比较文学研究所的兼职教师，站在电教的课堂上。乐老师给我开路，全程坐在第一排微笑地"挺"我。对我来说梦已经圆了，我真的没有更多的梦想，没有更多把这样的邀请变为现实的考量。因为我想我是电影人，我终于加入了"电影国"，我不想放弃这珍贵的身份，珍贵的"国籍"。但是乐老师坚持了一年、两年、三年……每一年她都重申这个邀请。我说我不懂比较文学，她说你做的就是比较文学。我说为什么它是比较文学？乐老师说："比较文学从来不是关于文学；比较文学是一种精神，一种朝向世界的方式。你对中国电影的研究，不仅建立在电影的媒介之上，而且建筑在对形成中国电影这样杂糅的艺术的充分理解之上，这就是比较文学。北大将是更好的成长空间，北大将是更适应于你的天地。"

在被邀请的第三年年初，我仍然舍弃不了我对电影特权的留恋，可是我不知道的是这以后中国社会再度经历剧变，这种剧变完全不是我曾经思考过的、预期过的。就在那个时候，乐老师的使者——我的朋友张京媛出现了，她怒气冲冲地说："你知道不知道一年有多少人在比较所谋职？乐老师一年阅读多少份'洋土博士'的报告？你究竟以为你有多么优秀，才敢一直这样拖延？"那一刻，我再一次体会到乐老师的治学、为人，她的胸襟和她的坚持。

我所经历的中国的两度变化，把我放在彷徨、绝望、甚至无所适从的十字路口上。于是我决定回到乐老师的怀抱，回到乐老师的大树之下，接受她的荫蔽。乐老师说："你不用担心任何东西，有我。"当我真的成了乐老师麾下的"马前卒"，成了乐老师的同事，我更深刻地了解到乐老师的魅力。某种程度上讲，她的学术正在于对学科内部评判的无视，她对于学术的考量始终不在学术自身，而是朝向学术之外。对于乐老师来说，恐怕社会和人生始终排在学术之上。

乐老师是她那个时代的优秀女儿。她曾说，就在她蒙受一生当中最大劫难的前夜，从香山公园回北大的路上，暴雨骤至，她迎着暴雨唱着歌回到校园，而且对着暴雨的天空大喊："让暴风雨来得更猛烈些吧！"大家可以想象年轻时的乐老师，漫长的政治弥漫丝毫没有改变她的性格，丝毫没有修订她的张扬。如果说我是乐老师的学生，我从乐老师那里学到的另外一个重要的东西就是做人治学要"对强者强，对弱者弱"。不惧怕权威，不惧怕权势，不惧怕拥有话语权及评判权的人的指责和挤压。但同时永远记得对弱者弱，不能滥用你的权力，包括你的话语权，你的书写权，你表达自己思考的过程。

所以说乐老师召回了我，保护了我，也骄纵了我，以至于我可以到今天仍然拒绝长大。乐老师同时在学术上不断地让我们去探索前沿，这个前沿不是学术时尚的前沿，而是学科自身限定的前沿。乐老师鼓励我们一次又一次尝试接近学科限定本身，去尝试触碰那个极限，积极打破极限。因为乐老师这样的鼓励，我始终坚持自己对于学术自身的思想含量的不断充实。到今天为止，我拒绝投入一种充分性的成熟的学术生产，我要求每一次学术生产包含由社会现实所提出的至少自己真切认知的问题。我要求自己以这个问题为动力，去展开组织自己的学术。但是这样的努力，确实经常把自己带到边缘，甚至让自己失望。在北大，我的确获得了和电影学院不可相比的辽阔丰饶的学术土地。但是进入北大之后，我不止一次真正陷入思想和学术的困顿，我真正不得不面对自己所提出的问题是没有答案的，是不该提出的问题。这种困境对于我来说，不仅是学术的危机，有时候也是心理的崩溃。

而乐老师每一次都能准确地感知我的危机状态。每一次，她只是用大概最理想的母亲，或者说最理想的父亲的态度说："没关系，你去试吧，你去看吧。"她一度担心我会采取过激行动，脱离学院。她也满怀不舍地说："我不愿意你走，但如果你想透了，我不拦你。"大概是在乐老师的鼓励之下，我个人学术和个人生命当中非常重要的变化发生了。在世纪之交，我开始踏上第三世界的考察之路，进入和社会学者共同组成的考察团。我在可能的情况下，不再选择欧美，不再选择我所熟悉的世界，尤其不再选择大学和纯粹的学术空间，我开始尝试真正地用自己的双腿，去寻找别样的人，包括最底层的农民群体。将近十年的时间，我走了近百个亚洲、非洲、拉丁美洲的国家，没有去大学，没有去旅游景点，而是去丛林，去深山。

十年的追索学术之路上，我遭到了完全的挫败，因为我曾经梦想找到一个没有被西方污染的第三世界，我曾经想找到一种不同于西方理论的源自第三世界的劳动者、生产者与法案者的纯净的理论。而我用双脚体验到的只是什么叫全球化，全球化怎样残酷地以无所不在、无孔不入的方式发生过并且继续发生着。但是我没有想到，当我重新拥抱学术、拥抱人文的时候，我已然获得了巨大的宝藏。可能和很多同龄学者相比，我有太多不足的地方。可是我拥有完整的世界视野，不仅是欧美，而且是亚洲、非洲、拉丁美洲，是广大的第三世界；不仅是知识分子的世界，因为原本一个北大的知识分子和伦敦大学或者纽约大学的知识分子之间，已经没有特别大的差异。我感到骄傲的是，我了解那些不为人所知的，被人们遗忘的人群。第一次，我的生命获得了充实感，我的生命获得了真实感，我不再怀疑我在空中楼阁、象牙塔里产生幻觉或自己是自我复制的生产者，我相信我是一个真实的人。

我跟乐老师学到的更为直接的东西就是她对学生的宽容和她对学生的严格。所以我努力像她一样，对学生宽容，但同时要做一个好师傅，做一个严格的好师傅。可能我比乐老师更为幸运的是，从教几十年，我不断地从学生那里获得，不断地向学生学习，教学相长对于我来说不是空洞的词语。我60岁时，我的学生们给我举办了一个生日活动，他们最后共同献给我一首歌，还专门说明这首歌代表他们对我的理解和评价。这首歌的名字是"Forever Young"。"永远年轻"不是一种祝福，因为我没有那么愚蠢。我们会衰老，会死亡，太阳底下没有新鲜事，一代人来，一代人去，所以才有传承。学生们说这是一首相当"中二"的摇滚，但是所有的摇滚难道

在非洲考察

不都是"中二"的吗？所有的"中二"难道不都是这个时代的发动机吗？当年轻人不再"中二"，这个世界还有什么希望呢？所以我想把这首歌、这个评价和祝福献给乐老师，也希望和大家一起永远年轻，永不认输，永不言败。

北大，1980 年代，
与我们这代学人

葛兆光

葛兆光 复旦大学文史研究院及历史学系教授。1978—1984 年就读于北京大学中文系。主要研究领域为东亚与中国的宗教、思想和文化史。出版著作《中国思想史》《中国禅思想史——从 6 世纪到 10 世纪》《宅兹中国——重建有关"中国"的历史论述》《想象异域：读李朝朝鲜汉文燕行文献札记》等。

四十多年前，1978年2月底的一个夜晚，我从贵州一个县城坐了两天两夜的火车来到北京，糊里糊涂地在北京站被校车拉到北大，住进32楼304。两天两夜没睡，太困了，于是倒头就睡，直到第二天天亮起来，我才看了看未来要待六年半的北大。当时印象很深的，不是未名湖，不是博雅塔，也不是西门里的华表，而是南墙外多年堆积的黄沙，寒风里光秃秃的树枝，大饭厅也就是现在的百周年纪念讲堂里的玉米面儿粥和咸菜丝，五四操场的煤渣地和天上刮的黄土。

这就是北大给我的第一印象，1978年春天的印象，就像是一张黑白老照片。

大约2400天之后，我离开北大。那是1984年的夏天，校园已经绿树成荫，临走的那一天起床，窗外明晃晃的，听见知了在长一声短一声地叫。直到这时候，我的北大记忆，才换成了博雅塔的塔影、未名湖的湖水和西门里面的华表，从黑白照片换成了彩色照片。

现在回想起来，2000多天像一个漫长的隧道，从隧道的这一头到隧道的那一头，整个人好像都变了。其实刚进北大的时候，我对未来的想象真的很模糊。为什么？因为上大学前整整十二年没读过书，在"文化大革命"中我造别人的反也被别人造反，接着下乡当知青在苗寨挖过煤、种过田，也挨过饿，再接着在工厂里打砖

1983年，北大29楼宿舍，研究生时代，作者正在撰写《古诗文要籍叙录》

坯和熬肥皂，在供销社四处收购药材、茶叶、皮毛和烟草。那时候，能上大学就不错了，能上北大就更不错了，不敢再有奢望。那个时代过来的人，一个28岁才上大学的人，哪里会想象，更不会憧憬。刚上大学的时候，对于未来六年半的日子，就好像懵懵懂懂进入这条隧道，根本不知道隧道有多长，也不知道隧道那一头是什么样的风景。

直到离开北大的时候，我才确信我会成为一名学者。

二

今天我们是在说"传承"，可现在让我回忆那2000多天，说实在话，好像没法说清楚究竟是什么让我成为今天的我。如果允许我以事后诸葛亮的角色来总结，我觉得在北大的六年半，可能我们同时传承的是三个传统。

第一个传统是新传统，也就是20世纪80年代新兴的理想主义传统。

从1978年到1984年，正是中国大转型的时候。我在北大读的是古典文献专业，按照中文系文学专业同学的说法，古典文献就像是"出土文物"，安安静静的没一点儿声音。确实，我们就是钻故纸堆的，老话说这叫皓首穷经。所以，当时中文系的文学专业灵动飞扬，写诗的写诗，写小说的写小说，编杂志的编杂志，出尽风头；新闻专业放眼天下，犹记得那些将来会成为无冕之王的同学，每天谈的都是世界和中国的大事，指点江山，胸怀广大；在他们的比较下，古典文献专业确实显得无声无息。

但是，一个生活在北大的人，怎么可能心如古井？"风声雨声读书声，声声入耳；家事国事天下事，事事关心。"这大概是中国士大夫的旧传统，但也是现代知识人的新传统。我记得80年代初期的北大，有一点儿像1935年"一二·九"运动中的北大，"已经安放不下一张平静的书桌"。不过，那不是因为中国"已经到了最危险的时候"，而是人们心里都想着中国"总算有了振兴的契机"。那时候，改变中国的理想主义真像是冬天里的一把火，让我们不时从书桌旁站起来，抬头看看窗外一波又一波的风潮。

1919年，胡适给高一涵写了一首诗，里面有一句是"你想我如何能读书，如何能把我的心关在这几张纸上"，好像写的就是80年代我们这些读古书的人的心情。

第二个传统是老传统，也就是五四以后北大的启蒙思潮。

我们这一代人是读鲁迅长大的，"文化大革命"之前和之中我们只能读鲁迅，这是时代的限制，但也是时代的潮流。不过有意思的是，我刚刚到北大就开始读胡适。记得1978年第一个暑假——我们这一届的第一个假期是暑假而不是寒假——我带了偶然借到的《胡适文存》回家。那时候胡适的书还没有那么容易找到，可这个夏天，这三本封面破旧的旧书，把我带进了一个新世界。

为什么？在从传统向现代的转型时代里，同属启蒙的思潮中，在鲁迅那种激烈和锋利之外，原来还有胡适这种理性和温和。很温和但是很坚定，温和的是态度，坚定的是立场。这对我影响很大，

* 周祖谟（1914—1995），1932—1936年在北大中文系学习，1947年后长期在北大从事文字学、音韵学、训诂学、古典文献学、汉语史、现代汉语词汇和语法等领域的研究和教学工作。

** 阴法鲁（1915—2002），1935年进入北大中文系学习，1942年在昆明的北大文科研究所毕业，是北大古典文献专业的奠基人之一，亦是中国古代音乐史、文化史方面的专家。

1979年，与阴法鲁先生（左）在颐和园

它使我始终采取通过学术关怀社会的进路，也始终记住五四一代的基本价值。特别是，80年代之初，当我们进入北大的时候，中国经过"文化大革命"十年，虽然说改革开放了，但民主、科学和自由这些价值，才从五四重返大地，我们必须温和而坚定地让它们安家。顺便可以说到的是，毕业之后我自己学术研究的一个关键选择，就是从文化史角度研究禅宗，这也是受到了胡适的影响。我前两年才写的有关中古禅宗史研究的文章，题目是《仍在胡适的延长线上》。是的，不仅是禅宗史研究，在很多很多方面，我们现在仍然在胡适的延长线上。

一百多年前——傅斯年、罗家伦、康白情、顾颉刚等北大学生在胡适的支持下，办了一个《新潮》杂志，这个杂志的英文名字是"The Renaissance"（文艺复兴），它的宗旨是提倡"批评的精神""科学的主义""革新的文词"，代表了那个时代知识人的新趋向，也建设了北大的一个新传统。

作为北大人，我觉得，现在还得继承这个传统。

如果说第二个传统是北大的思想传统，那么第三个传统，则是北大的学术传统。

胡适曾说，新文化运动就是"研究问题，输入学理，整理国故，再造文明"。我读的古典文献专业就是"整理国故"。给我们上过课的老师，除了一进学校不久就去世的魏建功、游国恩之外，年长的我们称作"先生"的，还有周祖谟*和我的导师阴法鲁**；称作"老师"的，还有我的导师金开诚*、裘锡圭**、严绍璗***等。我记得，我们也上过一门中国文化史常识课，有一个明星般的教授群，包括邓广铭、刘乃和、史树青等先生。邓先生讲的第一课，就是历史学研究的四把钥匙——年代、地理、目录和职官。

在北大，我们接受过最严格的训练，也习惯了最苛刻的规范，和文学专业同样上中国文学史，和历史系一道上中国通史，和哲学系一样上中国哲学史。可我们还要上六门基础课，文字、音韵、训诂、目录、版本、校勘。有时候我们觉得这是魔鬼训练，可这种魔鬼训练给了我们通向不同领域的多种门径。我可能是"文化大革命"之后第一个在北大学报上发表学术论文的本科生？1981年我写了一篇《晋代史学浅论》，我的导师金开诚把它转给历史学系的周一良先生，经过周先生的推荐得以在学报上发表，这在当时大概很罕见。可是我读古典文献专业，为什么却做的是史学史论文呢？

其实，北大自从老校长蔡元培提倡"循思想自由原则，取兼容并包主义"以来，始终鼓励学生自己摸索。我上大学时已经快28岁了，老师们对我很宽容，记得金开诚老师就让我不必按部就班学课程，可以自己去读书。我一面读前四史，一面读四库提要，研究生时代又在图书馆广泛阅读各种古人的文集。就这样，我在北大学了一肚子杂学，自然也不受文史哲的学科限制。我一开始做史学史，就完全不按牌理出牌，也许一直到现在，还有这种"野狐禅"的风格。

不过，这并不意味着在北大可以没有家法。其实北大有北大的家法，对于古典文献专业来说，这家法就是把"整理国故"和"再造文明"连起来。精细的功夫和有意义的问题结合，坚实的史料和

* 金开诚（1932—2008），1951—1955年就读于北大中文系，后留校任教，长期从事中国古代文学、文艺心理学、书法及戏剧等方面的研究。

** 裘锡圭(1935—)，1960—2004年任教于北大，是古文字学、古典文献学、先秦秦汉史方面的大家。

*** 严绍璗(1940—2022)，1964年北大中文系毕业后留校任教，在比较文学、古典文献学、日本学、国际汉学等领域成就卓越。

1981年，北大中文系古典文献专业1977级毕业留影

宏大的视野结合，这才是真学问。胡适在北大办《国学季刊》时，说传统学问很好，但问题是它范围太窄，忽略理解，缺乏比较——我认为这是非常对的。好的学者不应当是"两脚书橱"，代理过北大校长的傅斯年说过两句话，一句话是"上穷碧落下黄泉，动手动脚找东西"，另一句话是"一天只有21小时，剩下3小时是用来沉思的"。这两句话说的意思，其实就是孔子所谓"学而不思则罔，思而不学则殆"。

专业的、学院的、严格的古典文献知识，必须经由你对国家和社会的思考，为我们这个传统漫长的国家"再造文明"，否则，你就只能是传统的经师甚至陋儒。所以就像王元化先生说的，需要有学术的思想，也需要有思想的学术。

三

2019年8月,我在台北也讲了一次"我和中国的一九八〇年代"。说实在话,我觉得我们的思想和学术,就是在20世纪80年代定型的,而所谓的1980年代,对我来说,主要就是北大岁月。无论我后来研究禅宗史和道教史,还是研究中国思想史、研究东亚和中国,其实都是在北大学习的延长线上。

从1984年研究生毕业算起,我离开北大已经三十多年了。这三十多年里,北大发生了太多变化,很多新的建筑我都没见过,很多过去的老师也离我们而去,虽然未名湖、博雅塔还有华表还在,可我觉得北大对我来说,已经有点儿陌生了。不过,我心底里一直记得的,是过去我读书时的那个北大,她在我的心里烙下太深的痕迹。她带给我生命中最重要的启示是,作为一个北大毕业的人——

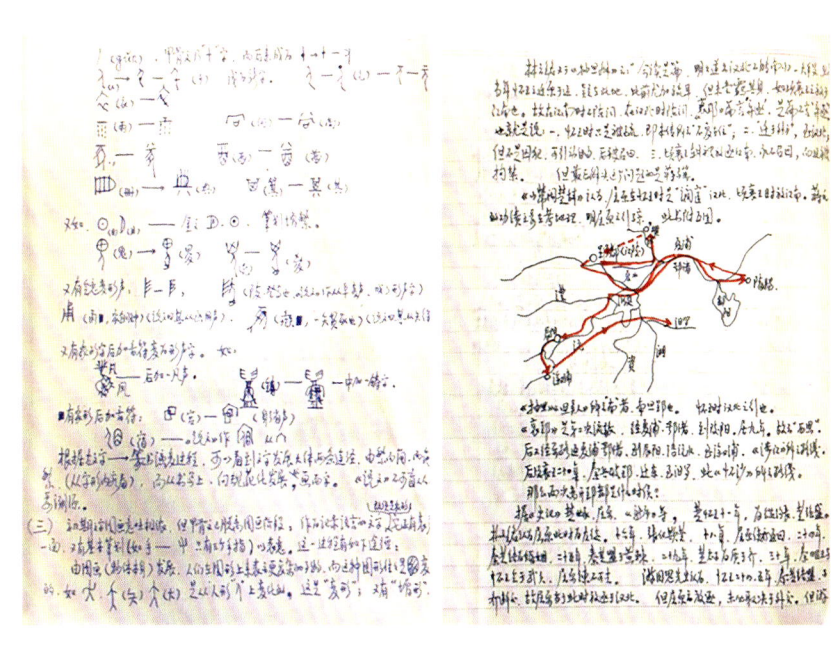

左:1983年,作者在周祖谟先生《说文解字》课上的课堂笔记

右:1982年,作者在金开诚老师《楚辞》课上的课堂笔记

重要的话再说一遍——你必须创有学术的思想，也必须做有思想的学术，也就是说你要把专业的和学院的研究，同你对社会的关怀连在一起。这就是胡适说的，"说一句话而不敢忘这句话的社会影响，走一步路而不敢忘这步路的社会影响。这才是对于大我负责任。能如此做，便是道德，便是宗教"。

作为北大毕业的人，我不敢忘记这个责任。

北大承传的精神

朱良志

朱良志 北京大学哲学系教授。2000年起在北京大学任教。主要从事中国传统美学和艺术哲学研究。出版著作《中国艺术的生命精神》《真水无香》《南画十六观》《石涛研究》《八大山人研究》《传世石涛款作品真伪考》等。

我是 1973 年高中毕业的，1978 年考上安徽师范大学，1982 年毕业以后就留在学校做教师。后来一个偶然的机会到北大来，北大是我当时非常向往的一个地方。北大很多老师都是我仰望的学者，比如熊十力、汤用彤、王力、林庚……很多先生的书我在大学期间都读过。有机会能到北大来做一名教员，我特别向往。

我记得是 2000 年的年初，我到北大正式报到以后，才高兴了几天，就陷入了一种很没有信心的状态，觉得在这个地方压力比较大。但是既然来了，"好马不吃回头草"，还是咬紧牙关忍着，打算在这个地方工作下去。不过我一旦进入工作状态，好像就忘记了恍惚和畏惧。所以可以说，当时的学习、研究给了我最大的支撑。

我不是在北京上学的，到北大工作以后，在北京举目无亲，当时的时间大部分都用来读书。我去国家图书馆（当时叫北京图书馆）在文津街的古籍部读文献。我记得那里有很多善本，我在那里连续读了八个多月的书，白天去抄，晚上回来誊。我后来研究石涛，再扩展到其他艺术家，研究艺术理论中的一些关键性的问题，我觉得是当时读书的过程为我打下了一定的基础。

在北大还有一个大的收获是我接触了很多老师，又了解了很多老师原来的研究的情况。我现在所在的专业是美学，美学专业有很多前辈学者，包括朱光潜先生、宗白华先生、张世英先生、叶朗先生等，他们对我的影响非常大。北大当时给我印象最深的一点就是朴实。让我真正体会到"绚烂之极，归于平淡"这句话的意思的，就是这些先生，他们的学问做到一定程度以后，很淡然地对待学术本身，很淡然地对待他人，做人也很本真。

他们面对纷纭的世事，都能够保持自己安定的心情。比如宗先生，那个时候就经常背着个黄书包去看展。叶老师几次跟我说：宗先生一到有展出就进城了。他当时就背着黄书包挤上公交车，到城里去看展览，回来以后再绘声绘色地描述给大家听。朱光潜先生、汤用彤先生也是如此，都是极为朴实的学者。

我在研究过程中看了很多人的研究文章，实实在在的研究是奠定在材料的基础上的，理论探讨要有逻辑性。有把握的话可以说，没有把握的话就不要说。对待别人的研究要尊重、同情和了解。我觉得做学问到了一定的时候，它的气息就开始比较平，这一点对我多年来做学问是有比较大的影响的。

2005年《石涛研究》出版以后，我就想写《传世石涛款作品真伪考》，后来这本书也出版了，有100多万字。写这本书的时候，我在美国，我一根筋地把大都会博物馆亚洲部所有与其有关系的材料，包括文献，都搜集了。经人介绍，我又到普林斯顿大学、耶鲁大学、芝加哥大学，到一些私人收藏家，包括方闻先生、王季迁先生的家里，看了很多的石涛收藏。我接触的石涛作品有1000多件，在这个基础上，我做了一个研究。我在普林斯顿的时候特别喜欢当地的环境，但是为了这个研究，我还是要把其他东西放下。在我的研究过程中，很多人帮助了我，使我能够坚持自己的研究方向，保持一种朴实的心理。实际上我在哲学系工作，这个研究跟我现在教学的关系并不是很大，但是如果有扎实的基础以推进一个研究，这样讲起课来就更放心一些。

哲学与艺术

到现在我可以说是从感情上融入北大了。我觉得北大的氛围对我来说，真的是"如鱼得水"。对于愿意读书、愿意思考问题的人来说，北大真是一个好地方。在这里，我觉得整体来讲，师生之间的关系还是比较融洽的，学术上还是比较自由的。我总感觉北大还是有一种内在的气质的，北大的气质、北大的精气神一直都在氤氲流淌。

我是做美学的。春天雨燕飞来飞去，傍晚时分，我会觉得燕园恐怕是人世间最美的地方之一。在这里，一名学者能够自由地研究自己感兴趣的东西，北大会为他提供很多方便，让他不要去为不必要的事情浪费很多精力。所以我没有理由不去好好地做研究，我在心里为自己是一个北大人而骄傲。

我觉得我们人文学科的学者要有一点理想的状态，这种理想的状态不是讲我们多写几本书，或者是要觅得一个更高的位置，而是真正从学科中得到一种人性的滋养，一种人文气息的熏陶。北大有很多老一辈学者是达到了这种极高的理想状态的。比如张世英[*]先生。以前我跟叶朗先生两个人经常去他家里，他住在郊外，90多岁的时候谈锋还很健，思维极其清晰。他的思路始终不脱离学术本身、思想本身。他给我写过一个条屏，引用了谢林的话，"超脱凡俗现实只有两条路：诗和哲学"。这句话对我的启发很大：人必须要有诗性的东西，要有热情，要有理想，要爱这个世界，这样你跟世界才会形成一种彼此依赖的关系，一种浮荡的关系。另外一个，研究哲学要有思考，要有逻辑，要有推动性。没有逻辑、没有思想的学术是没有力量感的。我在做艺术理论研究的时候，写到戴熙，

---

[*] 张世英（1921—2020），1946年毕业于西南联大哲学系，1952年起在北京大学任教，长于西方哲学史研究、西方现当代哲学与中国古代哲学的结合等方向。

2009年，与张世英先生（中）、叶朗先生（左）在燕南园56号

用了一句话：艺术中间，可感，可思。"感"就是我们讲的诗性的东西，而"思"就是智慧的东西。

我觉得这两者表面看上去是不相融洽的，但实际上它们在本根上是相通的。我觉得一切哲学包括诗，包括艺术，实际上是解决——作为人文学术——它是解决人的那些存在的最基础的问题，是要表达人类对世界的感觉，存在的感觉。我觉得哲学是为了表现人的那种存在的困境，以及探寻怎样从这种困境中超越、超脱。思考这些问题，始终是人文学科的应有之义。

在北大的老一辈学者中，叶朗老师始终在讲境界，讲情怀。他说，做人没有境界，没有情怀，没有对世界的一种关心，就像苍生之恋，那么他做出来的学问有时候就是黯然无色的。我们美学中心成立以后，叶老师是两届的政协常委，给国家提了很多有益的建议，其中包括将美育纳入教育的纲要。我觉得北大老一辈的学者都非常有情怀，这对我也有一些影响。后来我的很多书，像《中国美学十五讲》《曲院风荷》《生命清供》《南画十六观》等，都有几十万册的销量，应该说是拥有一个比较大的读者群体。在这些书里，我尝试把中国文明中的哲学智慧、把我们艺术方面的精髓，用通俗优美的语言表达出来，让普通读者能够分享这样的智慧，因为人在不同时代面对世界的感受，人的喜怒哀乐是相通的。

我一开始在这方面做了一点尝试，但并不是很成功。到2007年的时候，我作为叶朗先生的助手，我们写了一本《中国文化读本》。这本书现在应该是被翻译成十几种不同语言的文本了。这样一个通俗性的、普及化的工作，使我更加明确了研究和写作方向。

实际上，很多年来我一直在坚持这样做。前几年我写过《真水无香》《顽石的风流》这两本书。我尝试通过一个具体的物的落实，来讲中国人的精神世界。我在《生命清供》中写过一个关于"好雪片片"的篇章，这实际上是我悟出来的一个东西。这个故事出现在禅宗的《灯录》里，其实也很简单：庞居士有一天到药山大师那里去看望他。庞居士虽然是个居士，但是道性很深。傍晚，他告别了药山大师，出门的时候大雪飘飘，一片白色，他当时就感叹，真是"好雪片片，不落别处"。有一个人问：那到底落在什么地方呢？庞居士打了他一掌。我觉得这个故事对我做美学来讲也非常有启发。

这种感叹实际上是融入世界的一种方式，这恰恰是我们研究中国美学、中国艺术时特别强调的，就是要能够融入这个世界，从世界的对岸走到世界中间。做研究的人不要老是感觉世界就是研究的对象、观照的对象，而是要加入这个世界，去感受世界的美，尝试把世界的美的东西表述出来，尝试把前人在这方面研究中非常精彩的东西阐释出来，分享给更多的人，不要脱离美本身。

像八大山人，就能在那么困难的情况下保持人的内在的一种尊严，把人的生命的价值通过一种非常简括的符号，用出色的笔墨表达出来。这首先是我走入他们世界的一个基础。所以我无论做美学本身，还是艺术哲学或者艺术史的研究，首先衡量的是这个研究有没有感动我的地方，我才会走进去。

培育志趣，教学相长

我到北大以后带过几十位博士生。我有两个体会：第一个体会就是不要始终把自己摆在老师的位置上，把别人当作学生。学生实际上是一个同道者，是一个讨论者，是你遇到困惑的问题时可以与之沟通的同路人。抱着这样一种心态，老师和学生之间相遇滋长，都能够有所收获。另外，我感觉到，作为老师，关键不在于怎么教学生、教他怎么做，而在于自己怎么做。老师做出了什么，是怎样进入研究中的，学生都在看着，都很清楚。我觉得作为一名研究者，带学生的时候要保持自己研究的一种定力，要有一定的量，要有有意思的问题。就和我当师范生时做功课一样，自己要把它做好。

我们教研室的杨辛先生，现在100多岁了，仍然骑自行车。他是我们北大最有名的书法家。他对人和善到了极致，人太好了。他对我的影响是比较大的。我觉得做人要有趣味，要有格调，就像张岱讲的，人必须有一种爱好，如果一个人一点痴迷的东西都没有的话，这样的人不可交。这是我的第二个体会。

作为老师，必须有两方面的东西。一方面是知识，这是最基础的东西。另外一方面是理想，就是价值方面。做的研究要对社会有用，不要躲在象牙塔里面。向壁而思，思力要深，但是要落在对人的帮助上面，落在人心中间，落在普通人的人心中间，做人文研究我觉得这一点还是比较重要的。

趣味也很重要。我们到北大以后，在学科上就有专攻的方向，因为我们都是来学知识的，但是我觉得在大学这样的氛围中，学知识是应有之义，但不是全部。更重要的是，学到的知识能让你的人生更好地展现出来。人不管怎么过也是一辈子，学知识是为了自己能更好地支配自己的人生，使自己的人生更加闪光。我觉得人的趣味、格调，人的生命感受不要越来越迟钝化，这样做出来的研究也是缺少魅力的。所以我们做美学、做艺术史研究，更要强调这种趣味、这种格调。

我觉得趣味、格调的培育在时时刻刻。我在做《南画十六观》的时候，有些东西特别感动我，比如说文徵明。有一天他家来了很多朋友，在一起吃饭，其中很多人相互之间之前也没有见过面。吃了饭以后大家到院子里散步，月光如洗，他们高兴得不得了。文徵明带着酒意，突然之间他感觉到这个晚上怎么这么高兴，就画了一幅画——《中庭步月图》。"何夜无月？何处无竹柏？"之前没有感到那么高兴，只是没有闲心而已。每个夜晚都有月光朗照，每个地方都有竹子和柏树的影子，生活处处都有美，关键是你要调整好自己的心态，要有捕捉美的眼光。

我在做《一花一世界》的时候，对陶渊明的两句诗印象很深，"斯晨斯夕，言息其庐"。每一个早晨都有晨曦微露，每个夜晚都有月在高枝。所以我们要好好安顿自己，"言息其庐"，都是安顿自己生命的好地方。生活处处都有美，就像"好雪片片，不落别处"一样。我们怎样去感受这些东西？我觉得趣味、格调很重要，一抬头就是一辈子了。

文脉与底色

我所经历的北大经济学科

王跃生

王跃生 北京大学经济学院教授。1985年硕士毕业于北京大学经济系世界经济专业，后留校任教。研究方向为世界经济与中国经济、国际企业制度与跨国公司、新制度经济学与转轨经济。出版著作《跨国公司金融：原理与案例》《国际资本流动：机制、趋势与对策》《国际企业制度创新》《经济学与社会关怀》《市场经济发展：国际视角与中国经验》等。

我是 1979 年考进北京大学经济系世界经济专业的。1985 年底，我研究生毕业，留校任教。从 1979 年进北大到现在，算起来已经四十多年了。我们是 1979 级，当时把 1977 级、1978 级、1979 级称作"文化大革命"后的大学生新三届。

我觉得就我们这一代人来讲，我们的现代、当代西方经济学的训练是不够的，我们接受的教育是以马克思主义政治经济学为主，但是不妨碍我们有现代经济学的思维。以马克思主义政治经济学的方法论为依归，来研究我们中国的和世界的现实经济问题，我想这就是我的基本的学术研究取向。

影响颇深的北大师长

我在北大经济学院经济学科待了四十多年，肯定是受了很多老先生的思想的影响。陈岱老（我们习惯这样称呼陈岱孙先生）当然是其中最重要的了，他是 20 世纪的"世纪老人"。1979 年的时候，他 79 岁，还当着我们的系主任，一直当到我研究生毕业的 1985 年，那时北大经济学院正式成立，他就不再做领导了，但还是做教授。陈岱老的故事、传说、事迹，当时在我们学生中广为流传，大家也都津津乐道，我们受他的影响当然是巨大的。

80 年代初，陈岱老 80 岁以上了，他已经不讲正式的本科生课程了，主要是在小范围内给一些研究生讲一些小课，我当时也不是那个方向的学生，所以我本人并没有听过陈岱老系统讲课。陈岱老对我来讲就是泰山北斗、精神导师。不是入门弟子，也没有亲授过什么具体的课程，但是他对我们的影响主要是作为精神导师、作为师者、作为大师的精神影响。

改革开放初期，他写过两篇文章（《现代西方经济学的研究和我国社会主义经济现代化》和《经济科学研究要为四个现代化服务》），在全国都产生了很大的影响。文章就是在讲，在改革开放过程当中，在学习和借鉴西方经济学的过程当中，如何使西方经济学"为我所用"，如何使西方经济学的思想跟马克思主义经济学的思想能够更好地结合起来，各取所长，这对我们的影响还是很大的。而且我念书的时候读过陈岱老写的一本书，叫《从古典经济学派到马克思——若干主要学说发展论略》，这本书把马克思之前的经济学的发展脉络梳理得非常清楚。

真正对我们产生了更大影响的是比陈岱老晚一代的那些学者，因为他们都是我们的授业老师。比如说大家都很熟悉的厉以宁教授。厉老师是我的授业恩师，他亲自给我们讲过很多课，我听过很多他的讲座。我在80年代后期、90年代初期，跟着厉老师做过几年的学术研究和学术活动，所以可以说他是我的传道引路人。对厉老师奖掖后学的精神，我印象是很深的。我们上大学三年级的时候，厉老师给我们开了"当代西方经济学说"这门课。在那个时代，把西方经济学系统地引进来，讲授给学生，在全国都是非常领先的。回过头来看，当时讲的东西按照现在的标准来看是非常简单、浅显的，甚至有点粗陋，但是它的影响比现在任何学科、任何课程的影响都要大得多。

上厉老师的课从来都是需要抢座的，教室里坐得满满的，窗台上都会坐着人，过道上也会站满人。我们是正式的学生，所以有优先权坐在最好的位置上听厉老师讲课。我跟厉老师更多的接触是在毕业以后,跟随厉老师的课题组参加了国家当时最重要的经济改革中期规划的制定。当时是厉老师提出主要的思想,我们来具体地论述、论证。那段时间跟厉老师的接触非常多,对厉老师的人品、思想、学术、经历感触至深。

我入学时考上的是北大经济系的世界经济专业,经济学院成立以后,我们专业就改叫国际经济系,我们系里有一批很牛的老师。

首先是陆卓明先生,陆先生在北大也是蛮有影响的一位学者。陆老师的父亲当年是继司徒雷登之后燕京大学的校长,所以陆老师是师出名门。他亲自给我们授过两门课,其中一门是我念本科的时候,他给我们讲的世界经济地理,或者叫外国经济地理。

陆老师讲课非常生动,很有特点,学生特别爱听,真的非常、超级爱听。他上课绝不照本宣科,绝不拘泥于某一个领域的具体内容,天文、地理、历史、文化、音乐、美术、政治、经济,这些陆老师都懂,而且在课堂上都能信手拈来。

我在本科的时候跟他学了一个学期的世界经济地理,等到研究生的时候,就到陆老师家里去上了一个学期的课。当时他住在科学院宿舍里面,是一个很小的、很旧的房间。上课之前陆老师先给我们听半小时的音乐,我自己的这点古典音乐的修养,有一大半是从陆老师那儿得来的,他给我们讲这是谁的作品、有什么特点等,然后再上课。他非常率直、纯真,天生的书生本色。

另外还有几位老师。洪君彦*老师,他也是燕京大学毕业的,是燕京的才子,风流倜傥。我们经常说他有外交官的风范,他的人际交往能力、社会活动能力非常强。他人也特别好,对老师、

---

* 洪君彦(1932—2012),北大世界经济专业的主要开创者之一。1952年毕业于燕京大学经济系,1953年入北京大学政治经济专业攻读研究生,后在北大任教近四十年。

对学生都很好。特别是对学生，80年代末90年代初的时候，很多学生要出国留学，都受惠于洪老师。他是搞美国经济的。我后来做系主任，等于是接洪老师的班，所以他跟我后来交流比较多，讲我们专业的创设、发展的历程等，可以说我是洪老师的衣钵传人吧。

张康琴*教授，她是我研究苏联经济的导师。她注重培养我们做学问的态度，要求我们有一丝不苟的精神，有不弄虚作假、不随波逐流的学术风格，对我影响也很深。

还有一位是我们系的巫宁耕**老师，他是搞第三世界经济的。他和善可亲、提携后辈，同样也是文采飞扬、多才多艺的。

我觉得这几位老师的共同特点是，都不曾"大红大紫"，也不能说有多么大的学术贡献或学术名声，但是他们自己的本职工作做得非常出色。我觉得这么几个字比较能够概括他们的品格：中道正直，师者本色。这就是老师。

除了我讲的我们世界经济专业的这几位老师之外，还有几位我印象比较深刻的老师，在我念书的时候都给我上过课，都接触过。

一位是胡代光***先生，1985年北大经济学院成立的时候，他是第一任院长，接的是陈岱老的班。他讲一口四川话，声音洪亮，也是搞西方经济学的。为人很正直，是一位很有感染力、影响力的学者。

还有一位是张友仁先生，他也是西南联大毕业的，家学深厚，师出名门。在我读本科的时候，他给我们上过苏联社会主义政治经济学史，这门课当时是比较小众的一门课。我听他讲了一个学期的课。他讲课很有自己的特色，往那一坐，像一尊大佛，不动声色地讲起苏联社会主义政治经济学的掌故。

* 张康琴(1931—2014)，苏联经济问题专家，1955年入读莫斯科经济统计学院研究生部，1959年获副博士学位。1973年起在北京大学经济系任教，后多年担任国际经济系主任。

** 巫宁耕(1935—2018)，1958年北京大学经济系毕业后留校工作，是北大世界经济专业的主要创办人之一，主要研究领域为政治经济学、发展中国家经济等。

*** 胡代光(1919—2012)，1947年硕士毕业于国立中央大学，1953年起执教于北京大学经济系，在西方经济学、经济学史等领域成就卓越。

* 梁小民(1943—)，北京大学经济系硕士毕业，1981—1991年执教于北京大学，后任北京商学院（现北京工商大学）教授。主要从事当代西方经济学教学与研究。

另外有一位年纪比较轻的老师——梁小民*先生，我受他影响也蛮大的。他是1978级的研究生，我是1979级的本科生，后来他毕业以后留校当老师，又成了我的老师。我们算是亦师亦友吧。

文脉与底色

从发展脉络来讲，我们知道北大经济学科如果要追溯，最早可追溯到1902年京师大学堂商学科。

另一个重要的时间节点是1912年，中华民国成立。清政府垮台了，京师大学堂改名为北京大学，我们经济学科就成了北京大学的经济学门。现在追溯我们的历史，一般是追溯到这个时间节点。

第三个重要的时间节点就是1952年院系调整，像陈岱老等一大批学者，从其他学校调到北大来。也有很多新加入的老师，有留苏的，也有"文化大革命"前毕业的。

再一个时间节点就是1985年了，那时的经济学院我觉得称得上兵强马壮。老先生都还在，甚至包括留洋的那批，20世纪二三十年代那批都还在，之后新一辈的像我们这一代1977级、1978级、1979级的学生都已经毕业留下当老师了，那时候真是三代荟萃。

从思想传承和文脉传承来讲，我觉得北大经济学科可能至少受到了这么几代人的影响并继承了其"遗韵"。首先是老北大的文脉，比如说曾经做过北京大学第一任校长的严复先生。他不是一个纯粹的经济学者，他是翻译家、思想家，但是从我们经济学角度来讲，他最重要的成果是翻译了《原富》（《国富论》）。现在北大经济学院还有一个活动叫"国富论坛"。马寅初先生，老北大第一任教务长，新中国成立后做了北大校长。他是一位人口学家、经济学家，他就是学经济学的,在哥伦比亚大学学习过。他对我们北大经济学科的影响,我想是潜移默化的。还有李大钊先生,我们党的创始人之一,他曾做过图书馆主任,同时也是经济系教授。

为了庆祝建党100周年,我们重新挖掘了一下,重温了李大钊先生当时写的经济学文章,他对政治经济学的理论进行探讨、质疑,我们觉得他的经济学研究功底还真是很深的。老北大的文脉、"遗韵"至今流传。现在北大经济学院门口有一块大石头,是经济学院的牌子,背后有几个人的题字,其中就有严复先生、马寅初先生、李大钊先生、陈岱孙先生。

第二个文脉就是西南联大的文脉。陈岱老是清华当时的法学院院长、经济系主任,后来他到西南联大当了西南联大的经济系主任,新中国成立后他就到北大来了。他的影响当然是实实在在的,而且是重大的,他对学科的人才选择、学科发展方向等影响巨大。

还有赵迺抟先生。赵先生当时是北大的经济系主任,到了西南联大以后,他也做过经济系主任,接陈岱孙先生的班。他一脸大胡子,是一个典型的中国文人。他是留过洋的,但他搞的东西是纯粹的中国古代经济思想史,很有特色。还有周炳琳先生,也在西南联

左:马寅初接待莫斯科大学校长

右:国立北京大学三院(法科经济门所在地)

大时期出任过重要职务，他在西南联大成立之前就在北大给校长做助理，也是一位经济学家。这样一些著名的人物，我觉得构成了北大经济学科从西南联大时期传承下来的文脉。

第三个文脉来源，我觉得就是留苏一代的影响。我们那一代念书的时候有一大批留苏的学生，像徐淑娟老师。徐淑娟老师是教我们资本论的，她曾于1957年在莫斯科大学礼堂亲耳听过毛主席讲话——"世界是你们的，也是我们的，但是归根结底是你们的"，这就是毛主席在莫斯科大学礼堂里给中国留学生的寄语。她是当时在场的人之一，而且是一个重要的人物。

最后一个就是"文化大革命"前后的老三届、新三届了。新中国成立后，我们国家培养了一批毕业生，比如说1962年、1963年、1964年毕业的，甚至像厉老师他们50年代中期毕业的，一直到"文化大革命"前毕业的。还有就是"文化大革命"后的所谓新三届，1977级、1978级、1979级的毕业生留下当老师的，这一代人的传承又完全不一样了。

我觉得整个北大经济学科的传承，大概就可以追溯到这四个脉络。这些特色也并不一定是永远那么鲜明的，时隐时现、时强时弱，但是我觉得它们构成了北大经济学科的底色，是一个基本的色调。从我们的学科发展、学术发展来讲，可以总结成以下四个特点。

一是兼容并包的基因。北大的经济学科从来都是中西合璧的。刚才我讲到了西南联大时期最重要的两位教授陈岱孙和赵迺抟，他们都是留洋的，但是他们两个人做派完全不一样。陈岱老年轻时西装革履、风流倜傥，一派西式教授的形象。赵迺抟先生则是长衫马褂、大白胡子，是研究中国古代经济思想的。两位先生完全不一样,西装和马褂和谐共存,留洋多年归来研究国故。

马克思主义经济学和西方经济学的相得益彰、互相补充,也体现了北大经济学科的兼容并包,到今天也是一样。新时代中国的经济发展、经济学的发展,我觉得在坚持以马克思主义为指导的前提下,马克思主义经济学和西方经济学都不能偏废,两者并重,互相渗透、互相改造、互相结合,这是北大经济学科一以贯之、一直坚持的东西。今天我们有很强的研究西方经济学的力量,也有很强的研究马克思主义经济学的力量,我们一直没有丢掉这个文脉传承。另外,北大以史论见长,最近一些年我们又把北大的经济史学科恢复起来、加强起来,我觉得这个就是我们所谓兼容并包的特色。

第二个特点可以总结为家国情怀的使命感。陈岱老讲经济学是致用之学,任何一代北大经济学科的学者都是入世的。陈岱老即使在教授的岗位上,也不断地对经济现实、经济政策提出他自己的看法和见解。经济学是致用之学的思想,体现的就是家国情怀。

厉以宁老师是改革的象征。为了庆祝改革开放40周年,党中央表彰了100名为改革开放作出杰出贡献的个人,他是其中之一。厉老师对我们国家的股份制经济发展的影响,对中国的非均衡经济的判断,都是影响巨大的。他认为他最重要的成果是一本小书,书名是《非均衡的中国经济》,书中讲了他对中国经济非均衡性的认识,以及应该采取什么样的政策等。他对我们国家的经济发展、经济改革开放的进程有很重要的影响。

林毅夫老师是经济系毕业的研究生,他这些年在中国经济发展、中国的经济增长、中国的改革开放事业中做出了很大的努力。入世性、现实性、致用性,这些我觉得在北大经济学科体现得还是相当深刻的。

第三个特点，我自己总结就是自由思想、独立精神，这也是北大很多学科的共同特征。北大的经济学科也体现出了这样一种特色，这也成为它的一个底色。

经济系的一位老先生，陈振汉先生，当过北大经济系的副系主任，他也是哈佛毕业的，比陈岱孙先生晚几年。他当时的思想言论可能不合时宜，但是他坚信自己的想法，改革开放以后得到平反。还有厉以宁先生，股份制思想有一段时间受到热捧，也有一段时间受到批评、批判。但是不管是被热捧还是被批判，厉老师的思想始终一以贯之。另外，厉老师做学问的时候经常跟我们讲，经济学家可以而且应该为制度辩护，但是并不为政府的具体政策辩护，那不是独立学者的行事方式。厉老师自己这样践行，也不断地教诸后人，教给我们这一代。

最后一个特点是与时俱进，把握时代脉搏。虽然北大经济学科有很深厚久远的传统，但它又是紧跟时代的，无论是老一辈学者还是新一辈学者。比如说改革开放以后，北大是最早引进西方经济学的单位之一。北大经济学科为我们国家这几十年的改革开放、经济发展培养了一大批具有北大风格的学者、官员和企业家。比如李克强总理，他在我们这念了六年的研究生，我们跟李克强总理的直接接触不多，但是听他的讲话、他的言论，我觉得处处渗透着北大经济学学科的特色和思维方式。

北大经济学学科始终致力于中国的经济发展。经济学学科的最大使命就是为学科发展服务，而为学科发展服务，最终还是要为国家的经济发展服务。北大经济学人在自己的能力范围内，都力所能及地做出了贡献，紧扣时代脉搏，秉承学术传统，坚持学术精神，共同致力于我们学术的发展和国家的发展。

我的师生缘

周飞舟

周飞舟 北京大学社会学系教授。1996年硕士毕业于北京大学社会学系,2001年博士毕业于香港科技大学。2002年起在北京大学社会学系任教。主要研究领域为城镇化和城乡发展、地方政府行为、中国传统社会结构及社会思想。出版著作《当代中国的中央地方关系》《制度变迁和农村工业化》《以利为利:财政关系与地方政府行为》等。

非常感谢文研院举办"传承：我们的北大学缘"这个活动，给了我一个机会，来反思过去三十多年里与北大、北大的人和事的关系。我现在五十多岁了，心境会有一些变化，好比走一条路隐隐看到了终点，突然知道自己这一生其实有很多以前想干的事情都干不了了，不像此前那样总是觉得人生有很多可能性。在这种心境下回顾过去的人和事，更容易想到许多过去想不到的道理。

我想主要讲讲我和我老师的故事。

我在1986年考入北大，也就是80年代。那个时代的少年人都有文学梦，北大中文系也是当时汇聚全国最多状元的地方。高考之前，我和当时的很多中学生一样，也是个有着文学梦的文艺青年。所以我也梦想进入北大中文系，把它填到了第一志愿，其他三个志愿都是随便填的。但是我高考考得不好，以至于最后去了随便填的第四个志愿——社会学系。我当时也不知道北大除了中文系还有什么其他院系，更不知道社会学是什么。填写社会学志愿是我一个同学的主意，他说他在电视上看到过费孝通，经常跟随胡耀邦出国，费孝通学的是社会学，所以社会学肯定不错。现在想来，这也不能证明社会学这个专业"不错"，但当时我本来就是随便填的，所以也觉得无所谓，费孝通的名字也是那时候才听说的。

因此后来回想起来，发觉是特别偶然的因素决定了我与社会学结缘，并且一生从事社会学研究。事实上，高考是一个人一生中的大事，如果能够考上北大、清华，那么选专业就好像是一件更重要的事。俗话说："男怕入错行，女怕嫁错郎。"这好像意味着只要我们做出正确的选择，然后又做到了所选择的事情，就走上了人生正确的道路——对此我深表怀疑。在我看来，我们只是把自己的选择看作正确的选择，又看成是极为重要的选择而已。如果根据我个人的经历来做"事后评估"，就会发现即使是选专业、选行当这种事情，我当时的选择和当时作为一个孩子的愿望既不重要也不正确。所以我如今回想起来，还庆幸当时没能如愿以偿进入中文系。这倒不是说中文系不好，而是我后来知道中文系不适合自己，相比之下社会学则太好了，我和社会学有缘分。

当时的社会学系刚刚恢复重建，从1983年开始招收本科生。我在1986年考入社会学系，是第四级学生，因此入学的时候还没有毕业的学长。那时学生少，老师们也都不是特别专业，大部分老师是从哲学系、中文系转过来的，他们也是边教边学。80年代，应该是北大120多年历史上少有的真正做到兼容并包、学术自由、思想自由的时期。作为一个来自小县城的学生，我眼界大开。

当时社会学系刚恢复不久，专业课比较少，难度也小，因此我在本科期间没有学到太多专业的知识。现在回想起来，印象深刻的是听了许多讲座。如今的百周年纪念讲堂那时叫大饭厅，虽然只有一层，但是非常大，有1000多个座位。我记得最热闹的一次讲座，挤了近2000人，把六个门中的三个都挤掉了。回想我的四年本科生涯，可以说过得轰轰烈烈。用费孝通先生的话说，就是折腾了很多事，也被折腾了很多；培养了很多热情，但没受到多少真正的社会学专业训练。

我真正开始懂一点社会学，是在研究生时期，这全靠我的导师，所以我要讲讲我导师的故事。我认识我的导师，也非常偶然。社会学系的老前辈，像费孝通先生、雷洁琼先生等，都特别强调做社会调查；费先生更是身先士卒，行行重行行，在七八十岁高龄时跑遍了全国的村庄、田野——这是社会学系的传统。秉承这一传统，我们社会学系的学生在大三到大四期间都要在老师带领下去做田野调查。那是 1990 年 2 月，我所在的小组一共六人，跟随当时社会学系的在读博士，也是我后来的硕士生导师王汉生*老师去江苏昆山调研。那时候的昆山跟现在完全不同，还是一个古旧的小县城。带队的王老师虽然还是在读博士，但她是在延安插队的北京返乡知青，所以当时已经 40 岁出头了。到现在，我已经记不清两周的调查时间里具体都聊了些什么，只是清楚地记得除了睡觉和调查，我们大多数时候都是在听王老师给我们讲她调研和插队时的事情。就我而言，那是我在本科四年期间第一次这么近距离、这么全方位地接触一位老师，我深深地被老师身上热情、真诚的人格魅力和渊博、卓越的学识见地所感染。这次昆山调查是我本科四年中最重要的一次经历，我当时心里只有一个想法：将来无论做什么工作，都一定要成为王老师这样的人。

认识王老师，坚定了我学习和研究社会学的志向。我在 1990 年毕业之后，先在北京一个事业单位工作了三年，然后又千辛万苦地考研回到北大社会学系。说是千辛万苦，不是因为研究生多难考，而是因为当时有工作单位的人考研必须经过领导的同意。我那时工作的单位是个不讲绩效的事业单位，那时事业单位的领导一般都愿意让人离开。我回到北大社会学系读研究生，找了王老师做导师，也非常有幸遇到了一群善良热情而优秀的研究生同学，他们对我的人生影响都特别大。研究生三年才是我真正学习社会学的开始。其中最重要的是，我一心一意考回来，就是为了找王老师做导师，跟她学习社会学，同时跟她学习如何做人和做事。

* 王汉生（1948—2015），80 年代作为北大第一批社会学博士生考入北大社会学系，毕业后留校任教，研究领域为社会研究方法、社会分层与流动、城乡社会学等。

我是王老师带的第一个研究生，她是我人生中第一个学问上的导师，我们都是彼此的"第一个"。王老师第一次带研究生，也没有太多经验，但她尽心尽力地带我，指导我读书，指导我做调查，要是我说错了话、办错了事，她就帮我兜底。她也自称是一个特别"护犊子"的老师，每次说是教训我，但都是高高举起、轻轻落下。我虽然不是闻一知十的聪明学生，但我能感受到老师对我的期望和关切。正是这种期望和关切，成了我学习和生活中最大的动力，成为我人生中特别坚韧的支持力量。

我回来读研是在90年代，那时北大校园里没有现在这么强劲的成功学风气，恰恰相反，很多同学把人生看得比较超脱、比较轻，甚至带着看破红尘的心态，用现在的话来说就是"佛系"——暂且毋论真假，当时确实比较流行，推开一个宿舍门，经常会看到有人打坐。我当时既没有什么坚定的理想，也没有什么高远的志向，并且为生命中的很多问题而困惑。现在回想起来，如果说我有什么执着一点的意志或者志向的话，其实就是想让王老师满意，不想让她感到失望，我想让她觉得自己带出了一个好学生。

1995年夏天，宿舍四人（右二为周飞舟）

2003年，王汉生老师在陕西商南调研途中

我想这就是一个我非常喜爱、崇敬的老师对我产生的影响和给我的力量。就是这种喜爱和崇敬，这样一种特别真切的感受，而不是一些精细的人生设计或缥缈的玄想，决定了我以后的道路。为了让她满意这个想法一直驱使着我，我也不能确定我后来所做的努力是否真的让她满意。这就像一个孩子一定要向父母证明自己能做得多好，而在证明的过程中，孩子长大了，父母则变老了。我后来去香港读博士，毕业后又回到北大社会学系教书，和王老师虽然表面上成了同事，但其实仍然是师徒。我们俩一起带着学生开读书会，一起带着学生做田野调查。王老师还是一如既往，她很少疾言厉色，但我仍能感受到她的关怀和期待，我能读懂这种关怀和期待，是希望我在教学和科研上做得更好。

我不能确定她是否满意，我能确定的就是我在她眼里和心里一直没有变过，还是她的第一个学生。我们做师生，后来又做同事好多年，她还是不断地原谅我的冒失和不懂事，还是护犊子一样地护着我。我也一样没有变过，一直努力想要证明给她看我是好样的，我会让她自豪。我期望她看我时的眼神，她和我说话时的语气，能够由关怀和期待变成满意和喜悦。2015年，王老师查出了癌症，在很短的时间内就突然离去了。但我扪心自问，我的努力还是从来没有中断过，我们是永远的师生，我永远要证明给她老人家看。

有时候，我会觉得自己在这方面像个小学生，会因为某个老师讲课好或者特别喜欢自己，或者自己喜欢某个老师而努力学习，于是在这个老师教的这门课上的成绩就会很好，并表示自己就是为老师而学。我反思自己学习社会学的过程，从读硕士、读博士，到做老师，其实很大程度上就是为了王老师，就是为了成为王老师那样的人。我始终为这样一种向往慕念之心所驱使，即使到了知天命之年，仍然难以释怀。我想我和王老师之间有一种缘分，从我们相遇相识起，我就对她有一种莫名的投缘和亲近感，仿佛似曾相识一般，我相信她对我也是如此。这种缘分，不知道从何处而来，也不知道为什么会如此。它就是古人所说的"莫之致而至者"，是我们生命中最宝贵、最温暖的东西，是每个人都会在生命历程中不期而遇、深有会心的东西，也就是费孝通先生晚年一直在谈的人与人之间那种心心相印、不言而喻的感通。费先生晚年的一篇文章里谈到，社会学应该研究人与人之间相互感通的精神世界，来作为我们深刻理解自己、理解他人、理解社会、理解世界的基础。就像他的十六字箴言所说的："各美其美，美人之美；美美与共，天下大同。"

2011年，王汉生老师（前排左三）生日

在"传承"讲述现场

在他看来，这是在开辟社会学研究的新世界。作为一个社会学的后进，我用自己的生命体验，衷心地对费先生的说法表示赞成，我相信很多人都会赞成。

2018年的教师节，我和一个师妹一起去了趟延安，到了王老师当年插队的地方，也就是延川县张家河村。老师生前从未回去过，2015年她本打算回去看看老乡，我们也计划好行程准备陪她一起去，结果临走前她查出癌症住了院。因此，我和师妹去到"故地"，是代她完成最后的心愿。我们在当地老先生的带领下，找到了王老师当年插队住的窑洞。窑洞很多年没有人住，已经塌了一半，堵住了一半的入口；窑洞前的磨盘也已经烂了，地上长满了草。我在窑洞前站了很久，回想着王老师讲的各种插队时的故事和她讲得高兴时的笑声，即使阴阳两隔，我好像又通过这种方式和她老人家有了会心的交流。

最后，我要感谢北大，在这里我遇到了我的老师，我的众多同学、好友，还有我的学生。这些全部都是在北大这个神奇的地方发生的缘分，发生的生命奇遇。我们中国人有句话，叫作"缘分天注定"。是上天赋予了你和我心心相通的机会，因此我们要把握好，要对得起，不能放弃，直到永远。

学统与师恩

孙庆伟

孙庆伟 北京大学考古文博学院教授。1988年开始进入北京大学考古学系学习，1996年硕士毕业后留校任教。研究方向为夏商周考古、考古学史、中国古代玉器。出版著作《追迹三代》《最雅的中国：春秋时代的社会与文化》《鼏宅禹迹——夏代信史的考古学重建》等。

我能上北大，真的是靠缘分。1988年，我从江西的一所县级中学考上北大。三十多年过去了，到现在为止，我所就读的县级中学考上北大的学生依然屈指可数，因此我很珍惜在北大的学习机会。我能上北大，说是"考"，其实是"蒙"。填报志愿的时候，我自知自己的斤两够不上北大，觉得复旦的名字好听，就打算报考复旦。但我的父亲有"人大情结"，坚持让我填报中国人民大学。父子俩争执不下，最后校长拍板，认为有能上北大的机会不容易，应该试一试，我才填报了北大。

进北大学考古，就更是缘分了。虽然我勉强"蒙"进了北大，但毫无悬念，分数在录取的学生中是垫底的。所以当时可供我选择的只有两个专业：一个是哲学系的宗教学专业，一个是考古学专业。18岁的我认为宗教学专业就是出家，这和我的志向相差甚远（其实那时候我也没有什么志向，但出家是一定不肯的），于是通过排除法，毅然选择了考古学。因此，于我而言，学习考古学完全是一场缘分，但同时也成了最美丽的意外。

我念书时完全没有现在的学生那么沉重的压力，大学生活相比当下要轻松得多。那时的老师和学生都不太看重考试成绩，也没

北大考古学专业1988级本科生合影（前排左三为孙庆伟）

有人羡慕其他同学考了高分，所以大部分时间都是自己看书。我偶尔也逃课，但无非就是多睡了一会，起来以后还是去图书馆或教室自习，并不算荒废学业。当时的社会没有那么多诱惑，加上我这个人又没有什么爱好，所以大量的时间、精力都投入了读书中。到考试的时候，读书的效果就体现了出来，专业课基本都能取得不错的成绩。后来突然有一天，我接到了保研的通知。我那时候对保研根本没有概念，为了实现父亲让我读人大的夙愿，本打算报考人民大学近代史或中共党史专业的研究生。一得知能够保研的消息，加上当时心里其实已经舍不得离开北大，就心想别再费劲考研了，于是毅然放弃备考，决定继续留在北大读考古学的研究生。因此，不仅本科时进入考古学专业是"意外"，在研究生阶段继续攻读考古学也是"意外"，但都是美丽的意外。

虽然是"意外"，但并不是说我在大学期间对考古学就毫无感情，其中给我留下最深刻印记的就是大三第一学期的田野考古实习课程。持续一整个学期的田野考古实习是考古学系分量最重的一门课，只有切身体验的同学才能感受到其中的喜怒哀乐。当时我们班是在刘绪、徐天进、孙华三位老师的带领下，来到山西曲沃县的曲村－天马遗址开展实习。该遗址是早期晋国都城所在，历史遗存极其丰富。出人意料的是，我的田野实习成绩再次名列前茅，这表明我具备考古学的基本素养，给了我很大自信。田野实习是一次宝贵的经历和检验，很多同学因为田野工作爱上了考古，也有相当一部分同学因为田野工作离开了考古。我之所以继续攻读考古学研究生，并在研究生阶段选择夏商周考古方向，很大程度上是缘于这次田野考古实习。带领我实习的刘、徐、孙三位老师也是一直以来对我指点最多的老师。

李伯谦(后排左二)、刘绪(后排右二)、徐天进(后排左一)、孙华(前排左一)老师在曲村

* 李伯谦(1937—),1961年毕业于北京大学历史学系考古专业,并留校任教,长期致力于中国青铜时代考古的教学与研究,参加和主持过河南偃师二里头、安阳小屯殷墟、山西曲沃晋侯墓地等多处遗址的发掘。

我的研究生导师是李伯谦*教授。如何形容李老师呢?我觉得用"如沐春风"一词最为恰当,我想这也是所有和李老师接触过的人的共同感受。于我个人而言,李老师是真正的"恩师",在他身上,我能体会到言传身教、春风化雨、润物无声这些词语的真正内涵。三十多年来,李老师几乎没有对我说过重话,但他满满的期待比责备更让我感到压力。同时,李老师也从来没有当面表扬过我,但他每次在身后默默地支持,更令我感到前行充满动力。而且,李老师给予了我全方位的关心和爱护,从学习到工作,从我个人到我的家庭。我爱人曾有一句话形容李老师,她说李老师是但凡有一点好东西,都要给大家分享的人。

在过去的三十多年里,李老师一共去过我家两次:一次是我女儿出生,他专门到我的蜗居探视我爱人和孩子,送上他和师母的祝福;另一次是我遇到重大困难,李老师听说了以后又亲自上门雪中送炭,帮我渡过难关。我在思考:李老师的这两次登门代表着什么?或许就像歌词唱的那样,我的老师快乐着我的快乐,苦着我的苦。当我有孩子了,他由衷地为我高兴,分享我的快乐;当我遇到困难时,他为我雪中送炭,帮我分担我的困难。我们全家在美国的那几年,李老师经常给我们写信,信中不仅关心我的学业和工作,也惦记我的爱人和孩子，这些信我一直保留着。每年秋天，他家小院的葡萄结果了，他会摘下几串带到学校，让我带回家给母女俩尝尝；每年春节，他和师母都会早早准备好红包给我女儿，并和我们夫妻俩拉拉家常，询问我女儿的学习情况，然后带着小姑娘逗家里的小猫小狗。李老师就是这样的一位老师。

2018年，我出了一本小书，出版前请李老师帮我题写书名。他一遍一遍地换着不同的书体写，写了好多个，最后让我挑一个。这就是李老师，学生取得了一点成绩，他比自己取得成绩还要开心。他不会说真了不起之类的话来夸赞我，但却在我提出请他题写书名的请求后欣然同意，并为此精心准备。老师题写的每一张书名，我都珍藏着，我觉得这是老师对我最大的爱护和鼓励。

他多次叮嘱我的师兄雷兴山老师和我，说邹衡先生是当之无愧的商周考古第一人，他自己也始终处于三代考古的第一阵营，到了雷兴山师兄和我这一代，我们绝不能成为二流学者——这恐怕是他对我们说过的最重的话了。正是因为李老师的叮嘱，我意识到在北大任教，就是要研究一流的问题，做一流的学问，当一流的老师。只有不甘二流，才会争创一流。过去几年，老师的话不断鞭策着我，我不确定自

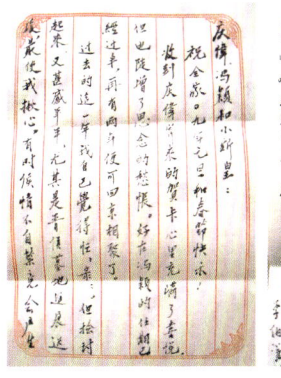

上：李伯谦老师为作者的小书题写的书名

下：李伯谦老师写给作者的信

己是不是真的做到了一流，但我始终奔着一流的方向而努力。

说到邹衡[*]先生，他是我的祖师爷，后半辈子都在学术论争当中度过，其对手都承认他是"商周考古第一人"。我入学时，邹先生已经不为学生讲课了，而是长期待在农村和田野做研究。我们都知道，邹先生晚年最主要的工作就是致力于晋国始封地的研究，他通过考证认为其地一定位于晋南。考古学不一定能提前看见，往往是因为相信其存在，发掘之后才能看见——这是考古学者的自信。如果考古学没有起码的学术前瞻，等到挖出来了才看见，那就无异于挖掘工人，不能叫考古学了。

邹先生那时经年累月地待在曲村-天马遗址做研究，有时连春节都不回家。有一年李伯谦老师只好专门从北京去曲村，陪先生在工作站过年。1992年我读研究生以后，也有机会参加晋侯墓地的发掘，才有了大段的时间和先生待在一起。因此，我虽然没听过邹先生讲课，但也对他有着非常深厚的情感。1992年春夏，有一段时间，曲村工作站只有邹先生和我这一老一小以及做饭的王师傅，我们就像一家人一样在一起生活。北大考古学学科的师生关系亲近，田野工作是其中很关键的原因。

邹先生是什么样的人？在我看来，先生是一位纯粹的学者，他的一生可以说把考古学做到了极致，令我们这些后来者仰视。对于我这样的年轻学者，邹先生几乎不和我们谈学问，大抵觉得是对牛弹琴。但这并不是说邹先生不关心我们这些后生，他就曾经在病床上为我修改过文章，并亲笔写了推荐信把文章推荐给《国学研究》发表。我的那篇文章不同意邹先生的观点，他不但没有责怪我，还亲自为我修改论文并推荐发表。他对我们这辈人最多的评价就是：能想到这点，已经不错了。但这根本够不上能和他商榷的地步。

[*] 邹衡（1927—2005），1947年考入北京大学法律系，1949年转入历史学系，1955年获得考古专业副博士学位。1956年起任教于北大，是中国商周考古的开拓者。

当年我刚刚留校,邹先生最尊敬的张政烺先生的书交到北大考古学系,学院安排我去张先生家抄目录,并做好每本书的登记工作。张先生的书大多放在木箱子里,他把箱子的一边拆开,就可以往里面塞书,然后一箱一箱地在屋里摞起来。家里堆满了书。通过这样一个机会,我第一次走进一位大学者的家,见识到了真正的大学者是什么样的,才知道学问是怎么样做出来的。张先生当时已经住院,他的夫人傅学苓身体也不好,但却好像永远都在伏案工作,保姆每天到家里给她做好午饭,晚饭她就自己用微波炉热着吃剩饭,这就是我亲眼见到的大学者的生活状态。

在邹先生晚年,因为我担任夏商周断代工程的学术秘书,经常有机会送各种材料到先生家里,所以也有不少与先生聊天的机会。先生的话,对我影响至深的有两句:一是他反复叮嘱,"写文章要有气派";二是"做学问不是一天用功,一年用功,是一辈子要用功"。我想这两句话是先生的治学心得,也是他一生的真实写照。那段时间,先生对我的教育产生了非常深刻的影响,特别给我带来震撼的是,他对时间的珍惜到了无以复加的地步。这里只举一个例子,20世纪90年代,《天马-曲村》这部巨型田野报告进入最后的编辑阶段,当时邹先生家住中央党校,他嫌每天往返学校耽误时间,于是就在北大赛克勒考古与艺术博物馆的整理间住了将近两年,只在周末回家洗澡和拿换洗衣物。那个时候,只要兄弟单位有人来学院,都要到邹先生的整理间里坐一坐,向这位考古学大师表达敬意。邹先生去世后,就安葬在张政烺先生左

邹衡先生(左)在晋侯墓地发掘现场

近,全国各地多家考古机构自发集资立碑来纪念他,向他表达崇敬之意。我想,邹先生就是这么一位让人难以忘怀的考古学大师。

我父亲是一位中学老师,他虽然最初很希望我考人大,但后来很以我考进北大而自豪。他曾经多次问我:北大最可贵的东西究竟是什么?随着年龄的增长,我越来越清晰地意识到,北大最宝贵的东西就是北大的学术精神和学术传统。像我这样的一个懵懵懂懂的年轻人,一个入学时两眼一抹黑以为宗教学专业就是出家的无知少年,也在自觉不自觉间被这些精神和传统所熏陶,逐渐成为其中一分子。

我在北大读书工作三十多年,我认为所谓北大的学缘就是北大的精神血脉,这是真正的北大之魂。

邹衡先生在赛克勒博物馆工作室

漫漫修远,生生不息

这代学人,大多生于改革开放之后,在世纪之交开启问学之路,他们眺望、承接着老一辈的学术传统,也亲身感受着当代世界的剧变。作为探路者,西方和东方都在他们的文化视野里一点一点地清晰起来。燕园,是他们的出发点,也是他们的归心地。

平静的自觉

传承就是一种坚守

程乐松

程乐松 北京大学哲学系教授。1995—2002年就读于北京大学哲学系,2006年博士毕业于香港中文大学。研究领域为六朝及隋唐道教史、两汉思想史与早期道教、宗教经典诠释学等。出版著作《即神即心——真人之诰与陶弘景的信仰世界》《身体、不死与神秘主义——道教信仰的观念史视角》等。

关于大学精神与学术传统的历史叙述中，有一个类似诠释学循环的难题：师生的个体精神和智识史一起构成了一所大学的传统和精神内涵，而每一个体的精神和智识历史的回顾又必须以大学精神的整体图景为出发点。1995年9月初，在柿子林里等着开学典礼的我绝想不到今天居然可以作为北大的教员为这一诠释学循环做出贡献——以个人学术发展为主题尝试连接个体精神史与北大的人文传统。

一则以喜，一则以忧。

窃喜的是，北大真是一个对青春十分包容的地方，看着"95后"的同学们学拉丁文、希腊文、《四库全书总目》的时候，我默默安慰自己，我刚过40岁，可以继续假装年轻。然而，看着邓小南老师、齐东方老师、张学智老师、李中华老师的笑容，思及他们的学问，我甚至敢大声地说，面对如此学识渊博的中青年学术骨干，我这样啥都不懂的学生当然还是青春正年少的。

忧虑的是，胡适先生在26岁的时候已经成了北大文科最牛最帅的教授；张岱年先生在27岁的时候已经写完了《中国哲学大纲》；汤用彤先生在33岁的时候已经是南开大学哲学系主任；荣新江老师在31岁的时候就已经阅尽全球的敦煌文书，33岁时已经是"宇宙最强"的中古史中心的教授了。而我40多岁了，还……一言难尽。

我此前的主要研究兴趣是隋唐以前的道教思想与社会史。最近三年，我才逐步确立自己未来的学术进路——从两汉思想史入手做道教信仰和观念的前史，并以此作为理解中国本土信仰的视域，将思想观念与社会生活交织的历史分析作为滋养中国本土信仰理论的土壤。

作为一名道教学者，一直有两个难以逾越的障碍困扰着我：其一，几乎所有人都觉得做道教的就是研究怎么插上翅膀放飞自我，飞升仙界的。有的同事一直建议我把办公室改造成丹房，说要是炼出丹来，大家就都飞起来了。学界的很多朋友一直称我为大仙。其二，这个领域实在是太偏门了，我很难找到对话者。出版社的编辑一脸严肃地告诉我，已经出版的书可以在重印的时候改掉字词的错误。我心里知道，他想多了。我的书，虽然印量3000册，但卖完至少要3000年，所谓重印，我们真的要依靠道术——首先要活到下一个3000年。

我也常常问自己：为什么要做道教？为什么要在北大做道教？其实，早在1999年，我最想做的是庄子。老师们告诉我，中哲保研竞争激烈，我的学渣程度适合找一个与道家类似的专业——道教。于是，我就成了学道教的。当然，说北京大学的道教研究是中国现代道教研究的肇端之处，毫不为过。汤用彤先生、王明先生、任继愈先生、汤一介先生等的学术研究都与道教有密切的关系，思想史与宗教史结合的进路成为北大道教研究的重要特色。这是我在读道教很久以后才慢慢知道的学术脉络。第一次在阅读道藏的时候"和元始天尊见面"，我内心是完全崩溃的。我是一个理性的人，飞来飞去、金玉满堂的场景真的不适合我。

近二十年来，道教研究让我时刻感受到无知的绝望，更体会到道教研究的重要性。做道教研究，不得不读天书一样的道藏，道藏是中国文化中具有隐喻性的观念与知识底色。要读懂它，就不得不绝无遗漏地涉猎中国文史领域的每一个角落——从古文字到诗词，从制度史到历史地理，从古文献到艺术史。

我至今都记得 2004 年第一次见到饶宗颐*先生时，他知道我读道教之后问的那些问题。最后他也很迷惑："这么多东西都不懂，你怎么做道教？"说实话，我是越来越意识到饶公的洞见和睿智，道教研究就是一个持续发现陌生领域重要性的学术探险。自知无知，居然是学术进步的标志之一，这就是道教的魅力。

两千多年来，在中国人的生活世界中须臾不离并且作为礼教一部分的道教，看似满纸荒唐言实则充满了隐喻的知识和丰富的观念的道藏，在中国文化研究中被忽视的程度是令人惊讶的。作为中国人文学术的殿堂，北大学者的道教研究的目标是，沉潜其中、解读隐喻性文字，让怪力乱神背后的观念、礼教与生活世界的伦理行为以可理解的方式呈现出来。道教研究不是在为道教辩护，而是在为自己为何是中国人展开论证。

在一个喧闹的、计件工作的学术时代，以探究中国人的文化心灵为志业，是十分孤独的。所有人眼中可有可无的研究（我爱人说我只是在极小程度上拉动内需，因为我赚不到钱，也吃不了多少饭，至于工作的社会价值，完全为零），不断被边缘化的人文领域，即便在北大，也变得越来越不受关注——毕竟我们无法带来科技进步奖和金额高到炫目的研究基金。何况我还在人文学科的最边缘。我十分珍惜这样的机会——在北大的中心舞台上展示一个最边缘的故事。

在这种中心与边缘、孤独与热闹之间，我看到了北大给我的滋养，那是一种自觉、一种活泼的平静。如果连北大都没人在最边缘处乐此不疲地坚持，哪怕是每天像阿Q一样自我安慰，那么人文

---

* 饶宗颐（1917—2018），享誉海内外的学界泰斗和书画大师，在传统经史研究、考古、宗教、哲学、艺术、文献等多个学科领域均有重要贡献，在当代国际汉学界享有崇高声望。

在"传承"讲述活动现场

中国就会陷入彻底黑暗。当然，在这个无数人被教导地球没有谁都照转的时代，这似乎是缺乏自知之明的，甚至是骄傲的，而在我看来，这是自觉。

如果北大的学者不能与不断发现自己无知的现实达成内心的和解，那么对中国文化心灵的探究如何保持活泼的精神？人文研究的路，是知识的远征；学问的伊利亚特，也是思考的回乡，心灵的奥德赛。

踽踽独行，其道不孤。持续塑造一种可能是盲目的但支撑着自己坚持下去的信念，是北大的恩赐，我不知道它从哪里来，从哪位学术大师的心灵和学问中传递下来，但我知道它在那里，照耀着我以及我们。

如果说，传承北大的人文精神与学术传统是包括我们在内的一代又一代学者的责任,那么我愿意把这种责任落实成为这样一种学术生活——在平静的自觉中坚守在最边缘处。

从释然到适然,我一直依赖这种被称为北大及其人文传统的"虚幻"的坚实,更依赖着每一个代际都能互黑、对话的"我们"——只有在这个意义上,我才敢和所有北大学术的先行者和笃行者统称为"我们"。

指路明灯

昝 涛

昝涛 北京大学历史学系教授。1997—2006年在北京大学历史学系学习,2007—2009年在北大社会学系从事博士后研究,后回到历史学系任教。主要研究领域为奥斯曼－土耳其近现代史、中东问题、内亚区域史。出版著作《现代国家与民族建构——20世纪前期土耳其民族主义研究》等。

* 罗荣渠（1927—1996），当代中国现代化理论与比较现代化进程研究的主要开创者。1945年进入西南联大学习，1956年起在北大历史学系任教，代表作有《现代化新论》《美洲史论》等。

罗荣渠先生既是大学问家，也是书法家

首先，我想谈谈我的导师董正华老师，以及我导师的老师——罗荣渠*先生对我的深刻影响。罗荣渠先生是世界近现代史研究的泰斗，可能北大历史学系世界近现代史方向的很多学生会以罗先生为心目中的榜样与目标，我也不例外。我在1997年进入北京大学学习，而罗先生当时已经去世。因此，我主要是通过读书，以及听师长们讲述，来感知这样一位了不起的学术前辈的魅力。

我第一次对罗先生有一些深入的认识和了解，是在一次董正华老师开的课上，我去听了之后就深深被罗先生的知识结构所吸引，并且见识到了罗先生的许多观点、思想以及著作。董老师就是罗先生的学生。后来我在本科毕业之前找到董老师，请教论文的主题和方向。董老师非常大方，帮我列了许多论文主题供我参考。我现在只能记住其中我选的那个题目，大致叫作"土耳其的军人政变"。

我选择这个题目，肯定与自己在青年时代的某种军人梦想有关系。但事实上，从长久的历史来看，政变绝对不是军队的常态，人的一生中很难碰上一次军人政变。然而我很"幸运"的是，我所研究的对象——土耳其，在1960年、1971年、1980年、1997年、2007年、2016年都发生过军人政变，相关材料非常丰富。从而，我深刻地感受到我的老师为我推荐这个题目是多么具有前瞻性。我当时看似只是做了一个普通的选择，但其实我在之前也有接触过土耳其研究，因此很早

罗荣渠先生(中)在其书房一角,与学生切磋(左二为董正华老师)

就已经与土耳其研究结缘了。

后来在董老师对我的指导过程中,印象很深的一幕是他曾经拿出一本他细心保存的、已经很旧的册子给我看。一开始我不知道是什么,翻开看了一下,才知道这是他的硕士学位论文,题目大概是"土耳其凯末尔改革的特点"。我清楚地记得,册子里的每一页都布满了罗先生用红色圆珠笔修改的痕迹。我当时就觉得,罗先生作为一位老师,能够把学生的论文改得这么仔细,每一页都从头到尾地看,难怪董老师像宝贝一样保存着它,这在当时给我留下了深刻的印象。

其实当年罗先生曾建议董老师从事奥斯曼-土耳其研究,不过,由于各种条件限制,他改变了研究方向。而董老师引导我走上了土耳其研究之路。在这个过程中,随着我对土耳其历史的了解——虽然还不是很多——尤其是对自己师承关系的深入了解,我感到很幸福。虽然这幸福来得晚了一些,但是它非常清晰。

我们都知道罗先生的学术成就。他的代表作《现代化新论》的影响远远超出史学界，多次重印再版。罗先生在 50 岁以后通过现代化研究开创了世界史的新领域与新方法，也在史学领域产生了很深远的影响，尤其是他的宏观历史研究，更是博大精深。先生的风范，除了学术研究之外，更重要的是对现实有一种浓重的家国情怀。对此，我的感受是，做学问一定要关怀现实。尽管历史学以过去为研究对象，但是我们每个人都活在现实当中，现实是我们必须关切的问题。仔细想来，我们所处的现实状况，和我选择土耳其研究有很大的关系。从这个角度来看，现实状况也是我们从事历史研究的重要"老师"。

今天，我们通过互联网以及各种信息传递渠道，可以发现，全球化和逆全球化已经成为人们密切关注的问题，这就是我们所有人生活当中与自身息息相关、密不可分的现实状况。从我自己做研究的角度来说，也是如此。十几年前，有一位美国学者写过一本书，叫作《吉哈德对抗麦当劳世界》（*Jihad vs. McWorld*），里面就涉及全球化的问题。我们这一代做中东研究的中青年人对此更是感同身受。从我们的成长经历来说，我们是见证"9·11"的一代。2001年，我研究生刚开学，就遭遇了这样一个具有世界性冲击力的事件。而这一事件所引发的各种问题，从此也深深地种在我们的灵魂深处，一直激发、推动着我们去思考、去解释我们生活的这个世界，特别是推动我们去关注和研究中东国家、伊斯兰教等问题。

另外一个激励自己坚持把土耳其研究做下去的原因，与我个人的经历有关。2008 年北京举办奥运会，我也接触了奥运会，但我与那届奥运会的接触是非常"另类"的。奥运会期间，我正好在巴西进修，每天都听到西方的各种观点和声音，尤其是他们对中国边疆民族问题的关注。其实在去巴西之前，我还有另外一个"遭遇"。那就是，当奥运火炬传递到伊斯坦布尔的时候，很多媒体以及学术界都想找一个了解伊斯坦布尔和土耳其的人——最后他们找到了北京大学社会学系的一个博士后研究人员，那就是我。这些事情都直接或间接地提醒我土耳其研究的重要性。

所以，我们这一代的青年学者，用不同的方式打开了我们自己，有的是主动的，有的是被动的。而到今天，回顾历史，我们发现自己慢慢地也形成了一种自觉。那就是，北大之所以能在许多学科领域，在中国乃至世界的高等教育领域占据领导性的地位，就是因为它不仅仅是研究历史上的问题和已经解决的问题，更是注重"活"的问题，研究和解决当代社会、政治、个体人生中尚未解决的问题。

如果说学术大师是我们人生的指路明灯，如果说现实世界同时是我们重要的汲取和参考对象，我们同样不能忽略的是更多活跃在教学一线的中青年教师。他们在背后默默地工作、付出，亲自带学生，指导学生论文，讲授课程，做研究实验，等等。其中也包括来自图书馆、资料室、实验室等的老师，他们同样是学术研究不可或缺的支撑，都在默默地为我们付出。我想，这一点，很多青年学者应该都有深切体会。

今天我们在北大校园里讲述"传承"，实际上我们需要"传承"的绝对不只是北大这个校园里自己的故事，而应该是将全球的智慧汇聚到这里，再继续将其不断地传承下去，包括在读的同学们，都是我们所说的"传承"的重要部分。

关于国际性的"传承"，我也想结合自身经历，讲讲自己的体会。这就要提到另一位对我影响至深的老师。我当年想学习土耳其

左：2008年，与图逸姗教授在安卡拉

右：2015年，与图逸姗教授在土耳其海峡大学亚洲研究所

语，但由于各种原因，没有找到合适的机会。在这样的困难情况下，出现了戏剧性的同时也是美好的机缘，我在北大遇到了自己的土耳其语老师，是一位来自土耳其的女教授 Isenbike Togan，她的中文名字是图逸姗。她受董老师的邀请来北大访学。其间，图老师不仅仅带我入门土耳其语，更重要的是，她同时是一位学术大家，在她给我讲语言课的二十几个小时里，我学到的东西远比在任何一个现代课堂里学的内容要多得多。可以坦率地说，图老师给了我一个非常广阔的视野与天地，她是我学术生命中的贵人。

图老师的研究方向是中亚和中国古代史，因此，每次来北大交流时，她大多是和中国古代史方向的老师们交流，但是，每次陪她时间最长的人是我，而我也受益良多。工作以后，在访问伊斯坦布尔期间，我也曾短暂地作为她的助手帮她整理过文献资料，尤其是一些涉及中国历史内容的中文索引，这样的机会也让我了解到了一些做学术研究的方法。我特别羡慕她的土耳其弟子们，羡慕他们能够长期在老师身边学习和受教。无论是在学术上还是在生活态度上，我一直以图老师作为自己的榜样。所以，我也很早就特别要求我的学生，在学习外国历史之初必须首先精通研究对象的语言。这不只是为了到对象国能交流，而且是说，这对真正的历史研究包括古典研究都是非常重要的。

总的来说，不管是国内的还是国外的老师，都在我们青年学生的身上留下了深深的烙印和不可磨灭的印记，通过不断回忆和回顾，我们将终身受益，所谓"温故而知新"。我想这才是"传承"的应有之义。

窗外一塔湖图,门里两河春秋

一场始于北大的远行与回归

贾 妍

贾妍 北京大学艺术学院长聘副教授。1998—2005年在北京大学历史学系学习,2015年博士毕业于美国哈佛大学艺术与建筑史系,同年进入北京大学艺术学院任教。主要研究领域为古代近东艺术与建筑史、古代埃及艺术史。

我是贾妍，现在在艺术学院做艺术史方面的研究和教学工作。我的专业方向稍有点儿偏门，做的是古代两河流域，主要是亚述时期的图像遗存研究。能有机会与诸位师友分享自己的"北大学缘"，我既荣幸又忐忑。自己学养尚浅，业无所成，实在不足为道。说服自己鼓起勇气站在这里的原因：一是我现在的人生阶段和在校园中的位置，确实是在"老师"和"学生"这两种状态、两重心态的"中间"点上，正好可以作为"传承"中的一个链条谈谈自己的"缘"之所在；另外也存了一点儿私心，像程乐松老师说的，想给自己背后的小学科找一个在"核心舞台"上宣传的机会。这个校园里有过、有着太多令人仰止的大师，如果他们是山巅的旗帜，我最多可以算作山脚下一个刚刚启程的攀登者，而且是龟速前进的那一个。不过我并不介意给自己身上也插面旗，至少可以以一个"萌萌哒"的身影告诉更年轻的朋友们：前方不远处，两河转角，有人正在探路，或可同行否？

"你怎么会想要学古代近东艺术史的？"这个问题我做学生的时候常被老师问，如今做老师又常被学生问，而无论是过去还是现在，我都不太能给出一个明确的回答。最终走到这个方向，对我来说像是一场毫无预谋的远行，如《吉尔伽美什史诗》开篇所说，仿佛是来自"深渊"的诱惑，以至于这么多年了我仍没能从这个"坑"里面爬出来。唯一确定的是，北大决计是这个"引我入瓮"的"深渊"的入口。

我是1998年进北大的，第一志愿填报的是历史学系。虽然专业是自己选的,但一开始很迷茫,全然没有方向感。应该是大三那年,我去选了颜海英老师的"古代东方文明"课程,然后又选了"埃及象形文字",从此就收拾行囊奔着远古去了。用现在流行的话来讲,那真是一场说走就走的旅行呵!更长远的学术志向那会儿是没有的,只是觉得几千年前的事儿在小鸟小人图案拼凑出来的奇异文字中,仿佛触手可及,实在神奇!而且在经历了诸多读不懂想不通的困扰之后发现居然还可以念念《亡灵书》,太治愈了!情绪上的感召还来源于那时候比现在的我还年轻的颜女神。她身上有一种完全放松的、极具感染力的亲和气场。在她的课上我觉得与古埃及人"相处"带来的是一种真实而轻巧的愉悦,就像末日审判里那根压得住人心的羽毛——毕竟,这是一个用超过90个象形文字词语来表述"快乐"的民族呵!

后来保了研,我顺理成章地跟着颜女神继续攻读埃及学,并有幸在研究生二年级时得到国家留学基金委的资助,到开罗大学考古学系交换一年。这段经历对我后来求学方向的转变起到了决定性作用。在埃及的那一年,我第一次体会到看实物、泡博物馆、跑遗址的重要性;同时领悟到,对埃及这样的古文明,视觉材料可以比文字记录更加丰富。这些视觉材料怎么读?是不是像文字一样有一定的"语法"和规律可循?那些谜一样的图像究竟有什么含义?在每一个博物馆中,每一座神庙里,

2002年,作者本科毕业时,与颜海英老师留影

2004年，留学埃及期间，作者在代尔·艾尔-麦迪纳工匠村遗址考察

我所不知道的都太多了，而越不知道就越想去了解。其实本科时我有辅修现在所在的艺术学院（当时还是艺术学系）的双学位，也知道有艺术史这个专门的领域，不过在埃及的那一年才真正产生了未来从事古物和图像研究，并在这个方向上继续深造的想法。

如果说最初是北大、是颜老师为我打开了一扇朝向远古的门，那么后来引导我一步一步进入古代两河世界，并在此间找到归宿和方向的，是我的博士指导老师，哈佛大学艺术与建筑史系的艾琳·温特 (Irene Winter) 教授。温特老师是美国古代近东艺术领域的泰斗，享有极高的学术声望，早年曾以思维敏锐过人获麦卡瑟天才奖。刚去美国时，同系治中国艺术史的汪悦进教授曾专门对我讲："中国人学两河艺术史的少，也不容易，有机会和艾琳学是你的运气，要好好努力！"其实我也一直觉得自己挺有运气的，从北大到哈佛,一路都遇到喜欢的专业、喜欢的老师,不承认幸运就有点儿矫情了!不过也许正因为之前走得太顺,我当时对汪老师说的"不容易"是没有实际的认知的,现在想想,真是"无知者无畏"啊!根据"RP守恒定律",我很快就被虐了,而且被虐得特别狠!我进入了一个完全陌生的领域:古代埃及和古代两河就"古代"两个字能搭上边儿,而历史和艺术史更是从材料到方法都完全不同的两个学科。我要在第一年用磕磕巴巴的英语去近东系死磕阿卡德"钉子文",同时在方法论课上与其他艺术史系的同学假装谈笑风生地讨论瓦尔堡和潘诺夫斯基!现在我给艺术史系的学生上方法论的课,他们有时说听不懂,感到很沮丧,我就安慰道:"说真的,我感同身受。"专业课跌跌撞撞的同时还要去兼顾二外考核、课程作业。

网上现在有很多描述在国外读文科如何生不如死的帖子,我觉得自己可能要更老一些才能真的在细节上认真回想那段漫长而不堪回首的日子。如果只是无休止熬夜就可以解决困难,其实倒还好克服,最难过的是仿佛永远都无法获得专业上的安全感,以及随之而来的惶惶然不知所以的消极情绪,这样的状态说是掉进了"深渊"一点儿也不夸张。

2015年,作者在哈佛大学博士毕业典礼上与温特教授拥抱

左：温特教授在给作者毕业赠书上的留言

右：作者女儿西西翻看温特教授赠书

我极感谢温特老师在我最脆弱、最自疑的几年给了我全部的耐心和信任，使我在浮不出水面的窒息感转变为人生新常态之后，居然慢慢摸到了岸。我的毕业论文做的是亚述时期的铜门浮雕研究。毕业典礼那天，导师送给我的礼物特别有心——L. W. Kings 编辑的《沙曼尼瑟铜门浮雕》(*Bronze Reliefs from the Gates of Shalmaneser King of Assyria, B. C. 860-825*) 1915年原版！这是在学术史上关于我的研究课题的第一部著作，到我毕业那年刚好出版100年。在书的扉页上她写道：致贾妍，2015年5月28日，你的"开门"，我的"关门"！老师早在2009年就荣休了，我是她从教四十余年的最后一名学生，她从汪悦进教授那里得知中文里有"关门弟子"的说法，所以在赠言里以此为喻，表达对我的期待和祝福！其实到现在我看到这几句话时眼眶还会湿润。前路漫漫，方向未明，走着走着总会怀疑自己是不是真有能力从这扇门中走出去，又或者可以走多远，唯一能做到不辜负的大概就是脚步不停罢了。

十八九岁的时候刚进北大，在钱理群先生的"鲁迅研究"课上，我听到钱先生以慢悠悠的深情念出鲁迅的文字："无穷的远方，无数的人们，都和我有关。"那时的我并不知道这种"有关"出自何处，又去向何方。后来在象形文字的课堂上我第一次觉得那个遥远时空里的奇异族群正以某种方式向我传达他们的信息，从而让我成为与他们"有关"的人。转眼二十年过去，我以老师的身份重返母校，最开心的是能够把古代两河艺术史作为一门新课添加到北大的课表上。在课堂上与和当初的我一样年轻而好奇的学生们分享美索不达米亚的艺术与文明，其间颇多惊喜。去年有个大二的小姑娘，从光华降转到艺术学院重读大一，说是听了两河艺术史后特别感兴趣，也立志学这块儿，现在已经开始跟拱玉书教授学习苏美尔语了！我不知道这姑娘的爸妈会不会怪我，不过作为一个彻彻底底的冷门文化研究者，在深渊里沉寂多年，看到有这样的青年如此奋不顾身地往"坑"里跳，我实在忍不住内里纠结着窃喜！亚述学这个领域不仅在中国，就连在世界都太冷清了，太需要后继有人了！这是一个投入产出比极不平衡的学科，可能你花几年甚至十几年的时间去开荒、播种，到最后也要做好颗粒无收的准备。它的研究现状也并不乐观，近东的局势、连年的战火让这个本就以废墟形式存在的文明更加破碎零落；考古发掘的停滞更让这个很大程度上建立在古物遗存基础上的学科在全球范围内不断萎缩。

尽管门庭冷落，亚述学却非常重要。在欧美，近东学因为与古典文明和《圣经》研究有着千丝万缕的联系，一直被作为文明史的源头学科来对待，不仅存在于学术研究领域，还存在于大众视野当中。但是在中国，尤其是在近代以来西方与东方二元文明观的建构之下，这个领域和中国在文化上的相关性还没有真正建立起来，所以基本上还只是一个象牙塔里的存在。我的老师们，中国的亚述学家拱玉书教授、埃及学家颜海英教授，跟随着他们的老师——中国世界古典文明史研究的奠基人林志纯先生，几乎是以拓荒者的魄力在中国硬生生开出了研究的蹊径。我们这一代以及我们的下一代学者，唯一的使命可能就是作为探路者勇敢而坚定地把这条路走下去，让"我们的西方"和"他们的东方"在新的文化视野里一步一步地清晰起来。北大"古典语文学"项目从2018年起正式开设了"亚非古典学"方向，这一决策在生源和体制上保证了我们近东研究后继有人，这真的是一件特别令人振奋的事情。

我特别感谢母校，在这条漫长而狭窄的道路上，先是给我开了一扇远古的门，而后又给了我一面临湖的窗，使我可以借一瓶一钵安身立命。每天沿着未名湖到位于红三楼的学院办公室工作，我都有一种充满幸福的穿越感，像是回到了青春时代最初期我所在的深渊入口，从这里开启了自己的小小世界！我穿梭往返，乐此不疲。

不过我更加贪心地希望，并郑重呼吁更多的青年朋友来古文明的"遗体"上一起玩耍吧！这不是一个重口味的玩笑，这其实是两河神话里的一个深奥隐喻。苏美尔创世故事里人类文明的守护神恩基就是在其父神，原初"甜水"阿普苏的遗体上定居下来，才创造并拥有了诸多人类文明之"道"！那些已经死掉的文明，那些在历史的远途中失了所谓"正统"文化承袭者的文明，是人类共有的文化遗存，与我们每个人"有关"！它们能让人摒弃"楚弓楚得"的民族偏隘，从而享受到最大限度的"不在此山中，却向此山行"的快乐。所以你看，生活不止眼前的苟且，还有远方的田野，远古的呼唤！

今天我们讨论的话题是学缘。缘是什么？"缘"，音同"圆"。作为一个习惯了用图像来思考的人，我不自觉地想起一个著名的"圆"的例子。古埃及图像中有一个符号我一直十分钟爱——蛇身回首自噬其尾，后世唤作"衔尾蛇"，常常用以象征回归与重生。

古埃及法老图坦卡蒙金棺上的衔尾蛇

于我个人而言，在西行求学十年以后得以重返母校，我一度觉得自己像是咬到了尾巴，有一种圆满的欣喜。然而个人的格局终究是太小了！在这个校园里流动的是一种更大的力量，生生不息，代代传承。如果时间也是一个圆，那么在北大120多年的历史里，在建校超过两个甲子的更新轮回之际，巨蛇也将再度衔尾。所以我想借衔尾蛇的符号，祝愿所有北大人共同热爱的母校：在自我贯通中求生，求变，求发展，在自我更新中连绵往复。时间在首尾相连的一刻通向永恒，未来因此获得无限可能。而我愿以涓滴之躯投身于母校的往复传承之中，像小蛇衔住大蛇的尾巴一样，做一个能在更大的格局里"衔尾"的北大人。

行行重行行，碌碌未敢休

孙飞宇

孙飞宇 北京大学社会学系长聘副教授。1998—2004年就读于北京大学社会学系，2010年博士毕业于加拿大约克大学，同年进入北京大学社会学系工作。主要研究领域为西方社会学理论史、经典精神分析理论、现象学-诠释学社会理论、历史社会学等。出版著作《从灵魂到心理：关于经典精神分析的社会学研究》《方法论与生活世界》等。

我在 1998 年与北大结缘，迄今已有二十多年了。回想起来，这二十多年过得平凡普通，确实没有什么特别的地方。唯一值得欣慰的是，二十多年来始终能够坚守自己做学问的理想和生活。这当然是最珍贵的地方，不过我想，这样的生活和理想并不完全是自己选择和坚持的结果，而是受惠于北大才得以成全的缘分。这一缘分主要与两位老师有关。第一位是社会学系的杨善华老师。

最早认识杨老师，是在大学一年级的"国外社会学学说"这门课上。这是我在社会学理论方面的启蒙课程。从杨老师身上，我看到了学问的样子是什么。2002 年，我继续在本系读研，拜杨老师为师学习社会理论。我当时很忧虑，觉得自己的资质不够好，见识不够广，在学问上的启蒙也比较晚，所以对于从事理论研究没有什么信心。杨老师对我说："学问就好像汪洋大海，是没有尽头的。没有谁敢说自己能够穷尽学问，所以关键在于敬畏学术，保持一个谦逊和开放的态度。"在得知我的兴趣在现象学社会学之后，杨老师欣然说："我对于现象学是不懂的，但是没关系，我认识懂的人，把你介绍给他，你可以跟他去读书。"随即将我引荐给哲学系的张祥龙老师。由此我开始接触现象学。杨老师非常谦虚，他并非不懂，他也在阅读和研究现象学社会学，并且在随后几年里，发表了多篇这方面的研究成果。几年之后，我才明白，这种毫无门户之见、以学生的兴趣为出发点去为学生考虑的胸怀，其实是非常难得的带学生的风格。

随后几年，我同时在哲学系和社会学系"晃荡"。除了张老师的课，我还选了王炜老师关于海德格尔的课程，从而认识了王老师。这是我在北大的第二个缘分。熟悉北大外国哲学研究所历史的人都知道王老师在其中的位置和故事。在他的身上，有着浓厚的中国传统知识分子的风范。他创办的"风入松书店"，一度成为北京知识分子在精神上的栖居之地。他的课程基于海德格尔的文本，以精读的方式进行，往往一个学期下来，才读了十几页。正是在这样的课程上，我的思考和文本阅读能力都受到了基本的训练。更为重要的影响在书本之外。王老师除了带学生读书之外，还会请我们吃饭，向我们讲述老一代学人如熊伟先生、洪谦先生的治学经验和处世风范。在正式的课程之外，他还为我们开设读书会。读书会一般都在晚上，从傍晚6点开始，一直读到半夜12点之后。迄今我还清晰地记得，在2004年冬天，有一次我们的读书会到凌晨3点才结束，出门时发现外面已经下起了鹅毛般的大雪。在大雪纷飞中，我们骑着自行车，从外哲所骑往蓝旗营的场景，至今依然非常清晰地浮现在我的眼前。虽然我不是哲学系的学生，但是王老师没有任何门户之见，对于学问也同样抱持着开放和包容的态度，视为我私淑弟子，带我到他家里，指导我读书，下厨做饭，教我做翻译，带着我逐字逐句校对我在硕士论文中提及海德格尔的部分。在他那里，我感受到了思想的魅力。王老师于2005年过世。我永远怀念他。一直到生命的最后，他都在告诉我，一定不要放弃社会学中的田野调查和对中国社会的关注。他说，这是学问的根本。

王炜老师素描像

杨善华老师(左)、王思斌老师(右)在雷洁琼先生(中)家中

而我在这个方面的训练，主要来自杨老师。我很难一一表达这些年来他对我们每一个学生无尽的帮助、关心和鼓励。虽然我从事理论的研究，但是杨老师要求我必须参加社会调研。社会调研是北大社会学传统中最为重要的部分，是费孝通先生、雷洁琼先生等老一代学人留给北大社会学系的宝贵遗产。费先生和雷先生对于北大社会学系的影响极为深远，他们所代表的老一代社会学家的那种将自己的研究与国家民族的命运结合在一起的传统、"从实求知"的严谨学风和"志在富民"的朴素理想，几乎是北大社会学系数代学人生生不息的信念。杨老师作为雷先生的亲传弟子，更是毕生都在兢兢业业地践行这一传统。几十年来，杨老师的调研几乎遍及全国各地，带着我们去过许多地方，走了许多路，见识了许多人。在调研中，每天晚上，杨老师都会带我们讨论当天的访谈，逐个案例进行分析、讨论，教我们如何访谈，如何理解个案，如何提出研究问题。几乎每一天，讨论会都要持续到凌晨。杨老师对其中的许多地方更是进行多次回访和持续性调研。在河北的西水碾村，杨老师坚持了二十年的跟踪调研和访谈，和村庄中几代人都成了无话不谈的知心朋友。西水碾村的典型人物、故事和社会结构，都已经成了我们师门里耳熟能详的共同知识。正是在杨老师这里，我们逐渐体会到了社会学这门学科的独特魅力就在于"读万卷书，行万里路"，也学会了如何理解自己，如何理解他人，如何理解社会，如何从事学问，如何与人相处。这是

一门真正意义上知行合一的学问，是一门不仅在书斋里读书，还要迈开脚步去走路的学问。这门学问的魅力不仅在于对中国社会的深入理解，还在于对社会责任的主动担当。杨老师已经70多岁了，却仍然勤奋地从事社会调查和研究工作。前几年，他几乎每个月都有至少一次调研的计划。调研地点从河北到广西，从浙江到乌鲁木齐。这样的工作强度，对于一个三十几岁的年轻人来说都太大了。然而他乐此不疲，真正做到了费老所说的"行行重行行，碌碌未敢休"，甚至是"皓首未敢移"。

杨善华老师（右）与西水碾村的村民合影

杨老师同样是一位视学生为己出的好老师。他会在学生遇到困难时，毫不犹豫地伸出援助之手而不要求任何回报。2005年春天，我考上了北大社会学系的博士，同时也拿到了加拿大约克大学的offer。我在二者之间无法取舍，因为杨老师特别希望我能够读他的博士，而我又觉得约克大学的"社会与政治思想项目"特别符合我的兴趣。所以大约有一周的时间，我左右为难，不敢跟杨老师说。直到我们系的研究生教务催我必须做出决定，我才给杨老师打了个电话，战战兢兢地说："杨老师，我拿到了约克大学的offer。"我迄今为止都还清楚记得杨老师接下来说的每一个字，他说："真是喜从天降啊！"

他对于自己的所有学生都是如此。在学术工作以外，他尤其重视育人的方面，他会花大量的时间和学生们谈话。在谈话中，告诉学生各种研究的经验心得、历史知识、社会的经验、人生的感悟等。对于我们来说，这是一种真正意义上的教育。今天我自己的研究生们都会积极主动地跟着杨老师从事社会调查。杨老师也同样会花大量的时间和他们谈话。北大的学缘,就是这样一代接一代地传承维系下去,不绝如缕。在 2015 年社会学系的毕业典礼上,我曾和学生们说,我所体味到的社会学,是一种修行的学问。这样的体会,既来自阅读,也来自跟随杨老师做的那些田野调研。

杨老师和王老师的教育,于我不仅是受到了思想史的训练,还加深了我对于中国社会的理解。由此出发,对于研究中"不中、不西、不古、不今"的学术态度也有了更为切身的体会,并因此而对社会理论资源有着更为切实和朴素的开放态度。所有这些方面,都使得我能够顺理成章地在约克大学成为随约翰·奥尼尔(John O'Neill)读书的最后一位博士生,跟随他研读弗洛伊德的经典著作。幸运的是,奥尼尔和王老师、杨老师有着几乎相同的对于学问、为人和教育的理解。2018 年,奥尼尔更是把他自己使用的弗洛伊德全集作为礼物寄给了我。在中国和在西方的共同经验让我确信:学问本身,是不分古今中西的。

二十多年后的今天,我有幸接替杨老师,在北大社会学系讲授"国外社会学学说"这门课,并按照我自己的理解,在中西文明比较的视野下从事关于西方社会理论的研究。与此同时,我又进入田野之中,不断磨砺自己对于中国社会自

2017 年圣诞节,约翰·奥尼尔寄给作者的明信片

身的理解。

我也会带学生们读海德格尔的书，讲着从王老师那里听来的关于老北大的典故和传统，对学问抱持开放、包容、热情和敬畏的态度。在从事社会理论研究的同时必须要去进行社会调查，在经验研究之外，也必须要读书。努力听取学生自己的研究兴趣，希望能够和学生一起学习，共同进步。这就是我的北大学缘。北大于我而言，就像水和鱼儿的关系。未名湖是一片海洋，你永远不知道会遇到什么样的人，有什么样的缘分，但有一点也很确定，它会给你所需要的各种滋养、缘分、学问上的自由和生命里的归属感。而这一切，都是通过一个又一个具体的人来实现的。在北大的这些年里，我在求学方面的缘分当然不只与这些先生有关。他们是一个群体的代表。这些年来，他们与我亦师亦友，在学问、做人和生活方面关心我、照顾我，使我能够从各个方面逐渐认识到并努力克服自己的狭隘、自私和懦弱，逐渐在为人和为学方面都成熟起来，努力去做到费老所说的"各美其美，美人之美，美美与共，天下大同"。

能够与北大结缘，既是我毕生的幸运——需要感恩，也是我在学问上的责任之所在。

道之所存，师之所存

陈侃理

陈侃理 北京大学历史学系长聘副教授。2004年起在北京大学历史学系学习，2010年博士毕业后留校任教。主要研究领域为秦汉魏晋史、出土文献、中国古代思想与政治文化史等，参与北京大学藏西汉竹书整理等工作，出版著作《儒学、数术与政治——灾异的政治文化史》。

2004 年，我来到北大历史学系念中国古代史专业的研究生，2010 年拿到了博士学位，进了学术研究之门。现在看来是既成事实，初入学时却是想象不到的。回想刚来北大的时候，我算是"志于学"，但学术研究是不是适合自己，是不是可以投入一辈子来做，还不太确定，也并不容易决定。我能想清楚这些问题，得益于在北大遇到的好老师，他们让我看到了学术生命的厚度和温度，使我最终走上了学术道路。

记得研一刚入学不久，我从学长那儿接到通知，说要去给周一良*先生扫墓。周先生是魏晋南北朝史的大家，那时是他逝世三周年。我听说组织者是田余庆**先生，非常激动。虽然我还没见过田先生，但他却是吸引我走进古代史研究的关键人物。大二时偶然在图书馆读到田先生的名著《东晋门阀政治》，我一下子就被迷住了。田先生能够在看似平淡的历史记载里读出隐藏的含义和线索，他的书逻辑绵密，文笔凝练，有人说像推理小说，我觉得比推理小说还引人入胜。读完之后，我又找来他的《秦汉魏晋史探微》来读，接着再读北大历史学系其他老师的书，然后就"入坑"了。现在我给本科生开课，把《东晋门阀政治》指定为必读书。前几天，有一个上过我的课的同学说读《东晋门阀政治》如何让他欲罢不能，准备争取保研念历史学系。我听了之后很得意。

我到北大读书时，田余庆先生已经退休多年。但我熟悉的老师大多是田先生的学生，我们这些学生从他们那儿经常能听到田先生的逸闻趣事。比如，每学期开学的时候，田先生会把自己的研究生

* 周一良（1913—2001），1930 年进入燕京大学学习，1944 年博士毕业于美国哈佛大学，1946 年回国，先后在燕京大学中文系、清华大学外文系和历史系任教。1952 年起，长期任北京大学历史学系教授。

** 田余庆（1924—2014），1950 年毕业于北京大学历史学系，后留校任教，研究领域为秦汉魏晋南北朝史。

叫到面前来，一个一个敲打，"你写的论文天马行空"，"你写的这点东西在北大根本不算什么"，"我不知道你现在在干什么"，"你说说你在干什么"，云云。田先生身材高大、长相威猛、剑眉虎目，敲打效果倍增，所以学生们都很怕他。

对我影响更深的是田先生的论学警句。比如，他推崇"读书得间"，一般人读书是看字面的意思，但好的研究者能从字里行间发现问题。他说，写文章要舍得"割爱"，写学术论文就像艺术创作，无关紧要的枝节、缺少独到见解的内容、思考还不成熟的文字，即使写出来也要下决心割舍掉。他说，找到好的材料和题目，就好比有一包上好的茶叶，与其冲满满一壶，寡淡无味，不如下足功夫，沏出一杯"浓茶"。听了这些话，再读他的书，更能感受到他呕心沥血，在学术上追求卓越的境界。

他在一本书的自序里表明自己学术写作的态度是"宁恨毋悔"，也就是宁可因为没能写出来而感到遗憾，也不愿意因为写出来不像样而后悔。当时，我把这话当作治学名言，警策自己在学术上要严谨慎重，爱惜羽毛。后来，读到田先生晚年的自述，他说："我从自己的经历中深深体会到，学术上不可能不受政治风向的制约，但也不能一刻放弃独立思考。求真务实毕竟是学术的首要条件。自己落笔为文，白纸黑字，要永远对之负责，不能只顾眼前。"了解了田先生的经历和他所经历的时代，更能认识到这些话的分量。

这些都算是"道听途说"，那次给周一良先生扫墓，是我第一次见到田先生本尊。当时，我们几个小研究生很期待听田先生讲讲他的学术经历和学术思想，但田先生的话题却总是围绕周一良先生和中古史中心的历史。他说，周先生在新中国成立以前就是有名的魏晋南北朝史专家，50年代为了配合学科建设，服从组织安排，改行研究日本史，到了 80 年代才又回到钟爱的魏晋南北朝史研究上来。正好在这个时候，制度史专家祝总斌*先生也想进行魏晋南北朝史的研究。于是，年龄依次相差 10 岁左右的周、田、祝三位先生，结成了魏晋南北朝史研究的"松散而亲密的联盟"——这是后来周先生总结的。田先生则强调，当时找周先生，是希望他能领着大家做研究，多少有拜师的味道。他们写文章之后互相传看、坦诚交换意见，培养研究生也不分彼此。听了田先生的话，我明白了，我的几位老师之间的关系如此融洽，其中有他们老师的影响，而我们几个研究生分属于不同的指导老师，却亲密无间，这也是当年的传统。田先生跟我们说这些话，是希望我们把这个传统继承、延续下去。

后来，我跟田先生有过几次接触的机会，但也不多，大约不过十次，多数是在他家里。我发现田先生是一个深居简出的人，重要的学术活动、庆典几乎都看不到他，但是有些场合他一定会出现。比如，2007 年开始，中古史中心发起了一个中国中古史青年学者联谊会，参加者是海内外的博士生和 30 岁上下的年轻人。这个会每年开一次，只要在北京召开，我们邀请田先生，他一定会拄着拐杖到会上来跟年轻人见面、聊天。田先生的发言，从不传播自己的学术思想、学术观点，而是鼓励年轻人超越老一辈。

我最后一次见田先生，是在 2014 年 5 月中古史中心的一次聚会上，那是他重病之后出院不久。当时，我们几个年轻老师和研究生跟他寒暄之后，聚在一旁自己聊天。过了一会儿，罗新老师挽着田先生走过来，说："你们不理田先生，田先生来找你们了！"田先

"松散而亲密的联盟"（左起：祝总斌、周一良、田余庆）

* 祝总斌（1930—2022），1949 年入华北人民革命大学，后留校任教。曾先后执教于中央政法干部学校、北京大学法律系，1972 年起长期任教于北京大学历史学系，是中国古代政治制度史、法制史、魏晋南北朝史领域的重要学者。

生坐到我们中间，讲了不少。末了他还是那句话：历史学的希望在年轻一代，年轻人要敢于超越，实现超越。

要知道，中国古代史研究的积累太深厚了，对于初出茅庐的年轻人来说，想多往前走一小步，都不容易。但田先生鼓励大家超越，是有依据的。他的学生们都在各自的领域里尝试超越，并且非常成功。田先生指出东晋的门阀政治只是皇权政治的"变态"，阎步克老师随之推演出"变态—回归"模式，用来解释帝制中国两千年的历史；田先生关于汉代政治史的两篇论文，启发陈苏镇老师开创了两汉政治文化研究的新局面；田先生讨论北魏早期历史中具有民族特色的"子贵母死"现象，罗新老师由此找到了研究中国古代史的内亚视角。

"淡定人生，潇洒来去"——田先生最喜欢的一张照片，2010年在燕园

至于我自己，在当了老师之后，也渐渐认识到，田先生不只是谦虚，他是在托付给我们责任。只有去尝试超越，才是真正传承老师的学问和精神。田先生已经去世多年，但我时常想起他的话，感到肩上担子的重量。

事实上，不只是田先生，北大有一大批这样值得我们经常想起的老先生。比如中国古代史领域的邓广铭先生、周一良先生、王永兴先生、祝总斌先生、张广达先生等，他们在动荡的年代里坚持治学，保存着学问的火种。改革开放后，他们全身心投入研究和教学，薪火相传。现在，他们的很多学生早就是学界大家了，学生的学生开始成为学术中坚,而学生的学生的学生也已经崭露头角。

时代有波澜,人物有代谢,但学问和学术生命的传承是北大永恒不绝的力量。今天的主题是"传承",我讲的题目是"道之所存,师之所存"。什么是道之所存?我想这就是道之所存。什么是传承?我想这就是传承。

"受业师"和"问学师"

陆　胤

陆胤　北京大学中文系副教授。2001—2011年在北京大学中文系学习。2017年起在北京大学中文系任教。主要研究领域为近代文学与教育转型、清代诗文及学术思想史、近世中国的读写文化等。出版著作《政教存续与文教转型——近代学术史上的张之洞学人圈》等。

"受业师"和"问学师"

今天的主题是"传承",在大学里,"传承"主要是"师承"。中国古人讲师承,有"受业师"和"问学师"的分别:"受业师"就是专门学问的导师、恩师,"不可易之师",也就是一生中不可替代的那位师长。"受业师"决定了你在专业框架和学术谱系上的位置。人在学术界,总会被问到"你是谁的学生?",从师学道,鱼游千里。犹如小鱼从大鱼,又如老树发新枝。天地君亲师,"师弟子"是五伦外的第六伦,但在现代社会,也要接受学术公义和学者人格的考验。

我的"受业师"是中文系的夏晓虹教授,她属于传奇的1977级的北大学生,是一位亲切温和的女老师。夏老师的风格有如黄山谷(黄庭坚)评杜诗——"平淡而山高水深",正是这样一种淡然吸引了我。第一次见老师,师生二人,无多闲话,老师送给我两本书,一部是她刚出的学术专著,一部是她的老师季镇淮*先生的纪念集。季先生是西南联大的老学生,师从朱自清、闻一多,治古代文学,又治近代文学。当年朱自清先生开一门课,只一人选修,一人旁听,旁听者即季先生。战争时期,唯二的学生一旦同时缺席,朱先生就只好默默回家洗衣服。这些逸事老师淡淡道来,在我则是渐渐看到北大的文脉:从晚清到"五四",从西南联大的流离播迁,直到1977级、1978级我的老师辈。系里老先生们的风采教诲常使后生心领神往,但当拿到这两本书时,我确实有种触电的感觉,仿佛那文脉通过这微弱而顽强的一线之传,将我真的和历史接起来了。

* 季镇淮(1913—1997),1941年毕业于西南联大中文系,后入清华大学读研究生,1952年起在北大中文系任教

季镇淮先生（左）
与夏晓虹老师（右）

当然，学问的传承并不是封闭的，尤其是在五四策源地的北大，师承更应兼容并包，而不是过去那种开宗立派、出主入奴的"师法""灯传"，也不限于现代以来的学科划分。这就涉及古人所说的第二类师承——"问学师"。君子博文约礼，转益多师，"问学师"多多益善，有时候也会为你开出一个崭新的认知世界，同样值得一生回味与感念。

和我年龄差不多的中文系老学生，在大学记忆当中，都有一位历史学系老师，那就是前些年不幸早逝的刘浦江教授。大概从1994年到2002年，他一直承担着中文系大一的必修课"中国古代史"的教学。许多系友的回忆中都提到，刘老师开学第一课那句"你们没文化"的当头棒喝，打掉了许多新生的自负；短短一学期的通史课，他教给我们一种打开北大、打开学术的正确方式。有一天上课去晚了，忽闻刘老师唤我姓名，心中一紧。这才刚过了半期考试，我在论述题里放肆地引了几条奇怪的材料，发了些与通行教科书不一样的议论，莫非要因此挂科？抬起头来，谁想刘老师说的是"你答得不错，有材料也有判断"，甚至因此建议我改行学历史。多年以后，有同学嘲笑我对这么一小句表扬还"念念不忘"。但要知道，刚进大学的我们是那么稚嫩，什么都觉得要仰慕，不懂得批评与反省，对自己更没什么信心。就是这样一句话成就了我想做学问的信念。直到今天，当我自己也走上了三尺讲台，刘老师对教学的全身心投入，对学生毫不吝惜的勉励，更让我将他视为追慕的榜样。

我和刘浦江老师只有这么一次当面交流，也并没有转去历史学系，但对史学和跨界研究的兴趣，却贯穿了我的研究生涯。后来在中文系受业于夏晓虹老师，她在文学研究界也以文史沟通著称。毕业以后，我又去哲学系做了博士后。我发表的论文不多，却有近一半是在历史、社科方面的刊物上发表的。我自己的研究兴趣在晚清民初，这处在古今中西的交汇点，就像这张晚清的画报向我们展示的，那是一个从中国的文化传统出发眺望遥远西方的时代。研究这样一个巨变时代的文学，更需要对历史、思想、人物的细腻把握。我关注这一时期文学书写的历史语境，以及历史书写的文学性格。这两方面的开拓，都得益于自己多年来混迹于文、史、哲各系的经历。

我想说的第三个缘分，可以说也是一个"问学师"，那便是北大的图书馆。我们这几级入学的时候，正是1998年百年校庆刚过，新图书馆落成不久的时候。于是，图书馆就成了我的天堂，日常上课之外我便在图书馆度过，甚至谈恋爱都以图书馆为场合。新馆结构非常复杂，我最爱一楼的工具书阅览室。在那里，我不是像人们通常想象的那样查阅工具书，这种查阅功能早就被数据库替代了——我喜欢的，是像读常见书一样翻看工具书和大套丛书。我曾经标榜自己是"工具书阅览室的游荡者"，更期许能做一个"数据库时代的抒情学者"。我在本科时代，在工具书阅览室下了一些苦功夫，

晚清时的点石斋画报

现在回想起来也是为我做学问打的底子。

到了撰写博士论文的阶段，我更借重北大图书馆丰厚的古籍、书札和旧期刊收藏。旧期刊部的张宝生老师，是 20 世纪 70 年代北大国际政治系的研究生，却长年在书库中默默工作，矮小的身躯套着一件不太合身的运动服，宛若一名老工人。但他实在是一位大隐隐于图书馆的"扫地僧"。我们到前台调刊，常看到这位张老师在伏案看书做笔记。通常你在前台报出公元某年或某干支，他便能迅速定位到同治、光绪、宣统某年文献；他对许多报刊的栏目、构成、沿革了如指掌，总能带来有别于电子目录语焉不详的惊喜。我们专业方向的老博士在完成论文或出书之后，都会记得给他寄一本。

其实，从课堂、研究室、图书馆，到食堂、体育场、未名湖，如果把北大人格化的话，她本身就是一位硕大丰富的"问学师"，百余年风云，学问与人生、现实与理想的种种答案，多在其中。而且，北大人文社科诸学科并进的优势，更使这里成为"转益多师"的绝佳场合。启蒙时代的欧洲人，曾有"文人共和国"的构想；明末清初的思想家，更把"学校"看成天下治乱的枢纽。在我看来，专门、师承的多样性固然值得保护，但北大人似乎更应叩问在专门专业、师承师门之上，

北京大学图书馆藏晚清张之洞所收书札

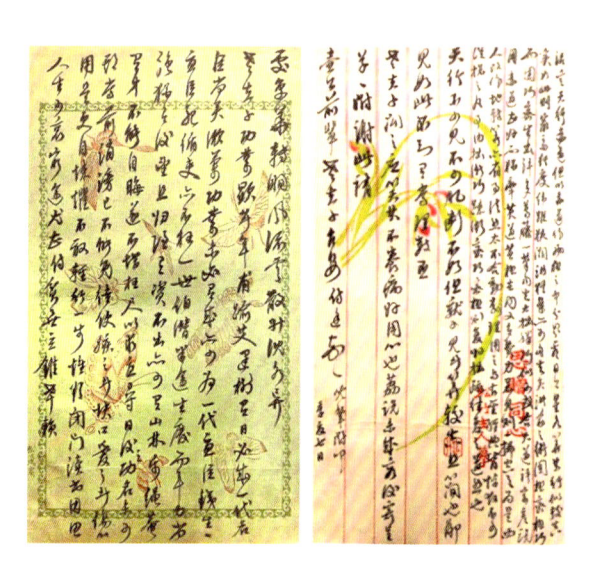

有没有一个可以称为"北大性"的东西。许多北大文科的师长、前辈，许多从事行政服务工作的默默无闻的老师，他们都不仅仅带着中文人、历史人、哲学人、图书馆人等标签，更身负超乎学科分工或工作职能的"北大性"。而在我看来，后者或许更值得我们去怀念，去感恩，去反省，去发扬。

问学之路与归家的人

王洪喆

王洪喆　北京大学新闻与传播学院助理教授。2010年硕士毕业于北京大学新闻与传播学院，2014年博士毕业于香港中文大学。主要研究领域为媒介史、冷战史、信息社会与劳工研究、文化研究、传播政治经济学。

我现在的身份已经是一名教师，但我的自我认同却还是个学生。在北大的课堂上，我尊敬的戴锦华老师反复说过一句话，她说她学术生涯的成功之处就在于将学术跟自己的生命体验联系在一起，同时，也许失败之处也在于此。我2007年来北大新闻与传播学院读研究生，从一名工科生转为文科生，在吴靖老师门下做媒介与文化研究。自1918年成立新闻学研究会以来，北大开展新闻传播学教育已经一百余年，虽然几经波折，却也形成了兼容并包的独特风格。当年在所有高校的考研章程里，只有北京大学不指定参考书和考察范围，我就觉得这里是最适合做我心目中自由而有用的学问的地方。

2008年全球金融危机波及中国，到了10月份招聘季，很多500强企业和央企都关闭了校招，班上最优秀的学生无处投递简历，夜里在水房偷偷哭泣。就业恐慌只持续了几个月就平息了，但对于成长在近30年经济增长周期中的我们来说，却是前所未有的震惊体验。不过这种体验对我来说似曾相识，工业人口的大规模失业潮，在90年代的东北就已经发生过。

戴老师的那句话，我一开始不太懂，就在那个毕业季，书本上的知识、成长的经验跟当下的处境产生了共振，我开始体认戴老师反复说过的那句话，开始思考什么是跟自己生命经验相关的问题。在跟导师和同学交流后，觉得关于什么是有用的学问，浅薄如我还有很多事情没有想清楚，索性就继续读下去。

2009年我带着这个问题回到老家，东北的一座工业城市——

钢城，开展毕业论文的田野调查。我发现，昔日的工人文化宫、俱乐部被工会出租、转卖，改建为洗浴中心和夜总会，老工人被排除出原有的社会经济位置和城市空间；但另一方面，通过改变废弃工业设施的用途、积极应用新兴的信息传播科技，工人们依然在线上和线下自发的文体活动中延续着昔日城市生活的集体意识、组织方式和团结感。钢城的各类广场舞、歌咏、远足、骑行和登山组织的QQ群的规模经常达到几百甚至上千人，他们的活动甚至超越本市和本省，在同类的兴趣团体中形成不可见的跨地域的连接和社会支持网络。这些历史与现实，是与我的经验最相关的、活着的"媒介研究"。于是，社会主义的工业劳动者与文化和信息传播基础设施之间的关系，成了我最初关注的问题。我带着这样一份研究计划离开了北大，赴香港中文大学开始了博士阶段的学习。

我在香港的博士生导师邱林川，是1997年香港回归后第一批从北京大学赴港读书的内地学生，当年他求学的北大国际文化交流教研室即现在新闻与传播学院的部分前身。他后来从香港又去了美国，师从网络社会理论的开创者曼纽尔·卡斯特，专注于考察中国南部劳动阶层的网络社会。我到香港的2010年，正值深圳的苹果产品代工厂富士康发生多名工人自杀事件，震惊全球。于是我加入了三地学生学者组成的"全球化、移民劳工和信息传播技术"课题组，每个周末往返于香港沙田大学站和深圳关外的观澜工业区，以深入了解中国南部制造业工人的日常生活和新媒体使用状况。

珠三角的经验与东北很不同，在我的心中，它们构成了中国的两极，一边是难以想象的高速增长，一边是历时漫长的枯竭和衰败。作为世界工厂，在产业内迁之前，珠三角是全球电子消费品的主要产地，生产过程被置于严酷的劳动控制之下。数量巨大的新生

深圳观澜工业区的内容下载服务

代青年工人聚居在连片的工业区中，形成了过去20年间全球劳动力最密集的制造业中心。但工人个体却处于原子化的疏离状态，仅靠廉价手机和去网吧，打发掉本就不多的闲暇时间。同时他们对更有意义的文化生活又有着热切的需求，但却苦于超长的劳动时间和工业区稀缺的精神资源。田野中，我不禁产生疑问：这种工业人口的生成过程与我们父辈那时有什么不同，其对于中国社会的影响又会是什么？

于是，这两种区域经验既像是某种历史逻辑的轮回，又有着明确的不可通约之处。在这些问题的驱动下，我不得不把自己从鲜活的田野中拔出来，转而去填补这些体验背后的历史空洞。在新中国的发展历程中，劳动者和信息传播技术之间的关系究竟经历了什么样的变化？信息传播科技的发明者、生产者和消费者在媒介技术史中是否扮演过与今日不同的角色？历史是否曾经开启过其他的可

深圳观澜工业区的草根工人文化组织

能性？幸亏中文大学同样宽松的学术环境，让这个有些离经叛道的"传播学题目"成为我博士论文的选题。

初期的研究并不顺利，用流行语来说，我给自己挖了一个大坑。并未受过系统的史学训练，再加上依然模糊的研究问题，使我掉进了海量的关于中国电子和信息工业史的材料中不得其法，找不到主攻方向。这个时候，一则来自北大的故事提示了我。1975年5月，尚未恢复工作的北大计算机科学家王选起草了一份研发汉字计算机激光排版系统的书面报告（"七四八工程"前身），准备提交给北大革委会审议。报告在北大印刷厂列印时，印刷工人读到上面的内容后非常兴奋，认为这将改变排字工人的繁重劳动过程，于是工人组织将自己的意见提交给北大革委会。王选得知后受到极大鼓舞，"想不到一个病号只提出一个初步的方案，就受到了工人们如此强烈的反应，说我们从事的研究工作是与他们休戚相关的，是有意义的"。"七四八工程"是信息工业领域工人和知识分子通过政治认同而结合起来的典型例子，不同劳动者之间的社会统和，是社会主义生产关系中"公共性"(commons)的具体表现形式。而当这种劳动共同体的生产关系退化，自动化技术和印刷工人之间就成了绝对对立的关系——激光排版将意味着排字工人的去技能化和失业。

经由这条线索提示的方向，集中在由信息传播技术所中介的社会意识和社会关系的变迁，我初步发现在1955—1984年连续30年发展的过程中，电子计算机与劳动者的关系经历了三次变迁，回应了不同时期的国家工业目标和社会发展愿景，提供了理解社会主义劳动者角色变迁的另类角度，其中蕴含多层次的历史遗产，还有待更细致地挖掘和继承。

2014年博士毕业，我幸运地回到北大开始教课。站在讲台上，我还会时不时提醒自己别忘了2008年金融危机的经历。面对中国社会的日新月异，面对如此高速变动的信息传播科技，我始终在思考戴老师的那句话，这也成为我在课程中试图传递给学生们的命题，与自己生命历程最直接相连的问题是什么，个人的命题如何跟这个国家的历史相联系，如何把个人的困境跟我们的父辈、同龄人以及更广泛的人群的命运相联系。在这些问题上我也还是个入门学生，这将是伴随我终身的学问。

此刻站在这里，诚惶诚恐地说，这算是我的北大学缘，但更像是一条归家的路。